Angelika Oberauer

Ins warme Licht der Freiheit

Angelika Oberauer

Ins warme Licht der Freiheit

Eine junge Frau in den Wirren des Kriegendes

rosenheimer

3. Auflage

Titelbild: © ullstein bild
Lektorat: Ulrike Nikel, Herrsching am Ammersee
Satz: Buch-Werkstatt GmbH, Bad Aibling
Druck und Bindung: GGP Media GmbH, Pößneck
Printed in Germany

ISBN 978-3-475-53867-4

Vorwort

Im Mai 1995 nutzten meine Familie und ich die Pfingstferien, um endlich einmal das Nachbarland Tschechien kennenzulernen. Das Ende des Kalten Krieges und der Zusammenbruch der kommunistischen Regierungen hatten die Länder, die einst jenseits des Eisernen Vorhangs lagen, zu attraktiven Reisezielen werden lassen.

Wir verfolgten keinen besonderen Plan, sondern fuhren gewissermaßen ins Blaue – ein bisschen faulenzen, schwimmen, wandern und natürlich auch ein wenig Kultur.

Bei herrlichem Wetter blieben wir ein paar Tage am Moldaustausee, fuhren dann weiter ins Riesengebirge, wo wir einige Gipfel, darunter natürlich die berühmte Schneekoppe, erkletterten, und fühlten uns dann ausgeruht genug für Prag mit seiner überwältigenden Fülle an Sehenswürdigkeiten.

Prag! Wer hatte nicht schon von dieser wundervollen Stadt gehört – vom Hradschin, der alten Burg oberhalb der Kleinseite, von Karlsbrücke, Goldenem Gässchen und Altstädter Markt sowie von dem berühmten jüdischen Friedhof. Unzählige Schriftsteller waren von dieser Stadt fasziniert und haben sie und das Leben in ihren Mauern literarisch verewigt.

Die einstige Hauptstadt eines unabhängigen böhmischen Königreichs, das später für Jahrhunderte Teil der

Habsburgermonarchie wurde, hat eine wechselvolle Geschichte mit Höhen und Tiefen aufzuweisen. Die bitterste Stunde der Stadt dürfte 1939 mit der Zerschlagung und Annexion der Tschechoslowakei durch Hitler-Deutschland gekommen sein, als die weltoffene, multikulturelle Stadt an der Moldau für die nächsten sechs Jahre Amtssitz des sogenannten Reichsprotektors von Böhmen und Mähren wurde, der von der Prager Burg aus das Land und seine Bürger knechtete und entrechtete.

Als ich eines Nachmittags in einem Café genau an diesem Platz saß und vom Hradschin hinabblickte auf die Dächer und Türme der Stadt, gingen meine Gedanken plötzlich weit zurück in die Vergangenheit, und mit einem Schlag fielen mir wieder die Erzählungen meiner Mutter ein. Auch sie war in Prag gewesen, und auch damals war es ein schöner Mai, als sie dort ankam. Aber man schrieb das Jahr 1945, und meine Mutter befand sich nicht auf einer Urlaubsreise, sondern auf der Flucht.

Der Krieg ging gerade zu Ende, und auf den späten Rückzug der Deutschen aus Prag folgte der Einmarsch der Roten Armee. Die schrecklichen Verbrechen, die im Namen der nationalsozialistischen Ideologie begangen worden waren, fielen jetzt auf jene Deutsche zurück, die von den Tschechen oder Russen aufgegriffen wurden, und begangenes Unrecht erzeugte neues Unrecht.

Meine Mutter, die sich durch einen dummen Zufall genau zur falschen Zeit am falschen Ort befand, geriet in die Mühlen dieser Vergeltungsmaßnahmen und musste, wie sie immer sagte, »das schrecklichste Jahr ihres Lebens in Prag verbringen«. Sie war gerade siebzehn Jahre alt, bislang nie von ihrer Familie getrennt gewesen und urplötzlich ganz auf sich allein gestellt. Sie hatte in den Wirren der letzten Kriegswochen die Sicherheit gesucht und war unwissentlich in die Hölle geraten.

Damals, als ich in Prag an die Erzählungen meiner Mutter zurückdachte, nahm ich mir vor, irgendwann die Geschichte dieses einfachen jungen Mädchens in schwerer Zeit niederzuschreiben. Doch es sollten noch zehn Jahre vergehen, bis ich meinen Entschluss wirklich in die Tat umsetzte.

Lange Abende haben wir zusammengesessen, an denen sie mir von ihrem Leben erzählt hat – von den schweren Stunden ebenso wie von den schönen Erinnerungen an eine glückliche Kinderzeit und von ihrer Heimat, die ihr nach dem Krieg fremd wurde.

Heimat und Familie

Ich wurde am 3. August 1927 in Leutersdorf, einem Ort im Grenzgebiet zur Tschechoslowakei, geboren und auf den Namen Ursula getauft. Wie in der Oberlausitz üblich, lebten früher auch in unserem Dorf die einfachen Leute vom Weben. Daran erinnern noch heute die alten Umgebindehäuser – schöne kleine Fachwerkbauten, deren Fenster in vertieften Holzbögen lagen – und die kunstvoll bemalten Türen sowie die kleinen Vorgärten, in denen es grünte und blühte.

Als im 17. Jahrhundert in den Dörfern der Oberlausitz der Webstuhl seinen Einzug hielt, machten sich die Leute Gedanken, wie man mehr Wohnraum schaffen konnte, denn bislang waren die Häuser einstöckig. Weil aber der Fachwerkbau allein wenig geeignet war, ein zusätzliches Stockwerk zu tragen, wurde die Last auf Ständer verteilt, die um die Außenwände der ebenerdigen Stube, wo der Webstuhl stand, verteilt und durch Rahmen und Querstreben verbunden waren.

Eine Besonderheit unseres Dorfes war, dass über zweihundert Jahre lang eine Staatsgrenze durch den Ort ging, die es in einen sächsischen und einen böhmischen Teil trennte. Der katholische Ortsteil war ursprünglich eine böhmische Enklave gewesen, die 1848 im Zuge einer Grenzbereinigung in der Region an Sachsen fiel. Die Einwohnerzahl unseres Dorfes lag 1927, dem Jahr meiner Geburt, bei etwa viertausend.

Im Sommer, wenn wir auf die Heinrichshöhe oder den Großen Stein wanderten, bot sich uns ein herrlicher Ausblick auf das Zittauer Gebirge. Der Große Stein, der eigentlich zu Spitzkunnersdorf gehörte, wurde von uns Neudörflern gerne als »unser« Berg betrachtet, und es gab darüber mit den Spitzkunnersdorfern, sobald man auf Volksfesten zusammentraf, immer Diskussionen. Andere Erhebungen hießen Lindeberg, Wacheberg oder Spitzberg – es war also eine hügelige Landschaft, in die ich hineingeboren wurde, mit weiten Wiesen und Feldern und tiefen Mischwäldern.

Auch ein Bach schlängelte sich durch das Dorf, von uns Leutersdorfern die Schnauder genannt, der vor langer Zeit an einigen Stellen gestaut worden war, sodass Teiche entstanden, an denen bald drei Mühlen klapperten. Da wir im Winter stets viel Schnee hatten, trat der Bach im Frühjahr regelmäßig über die Ufer.

Ich hatte eine glückliche und sorglose Kindheit, obwohl ich nicht gerade in ein »goldenes Nest« hineingeboren wurde.

Meine Eltern hatten sich 1925 kennengelernt und sich heimlich in Dresden verlobt. Bald darauf kündigte ich mich an, doch das Verlöbnis wurde seitens meines Vaters, eines gut aussehenden jungen Mannes aus Zittau, der eine Offizierslaufbahn bei der Reichswehr anstrebte, nicht eingehalten, und es kam nie zu einer Heirat. Er verließ seine Heimat, als ich noch ein kleines Kind war, ging erst nach München, dann nach Wien und machte später in Hitlers Wehrmacht Karriere.

Trotzdem wurde sein bester Freund Heiner mein Taufpate. Als es schon lange aus war zwischen meiner Mutter und meinem Vater, luden er und seine Verlobte mich einmal nach Dresden in das noble Hotel »Zum Weißen Hirschen« ein – für ein einfaches Dorfkind wie mich ein unvergessliches Erlebnis. An meinem fünften Geburtstag sah ich meinen Vater zum letzten Mal. Zehn Jahre später bildete ich mir ein, ihn unbedingt einmal in Wien zu besuchen. Deshalb schrieb ich ihm und legte dem Brief ein Bild von mir bei, damit er sah, was für eine hübsche Tochter er hatte. Doch seine Antwort war niederschmetternd; er schrieb zurück, dass ein Besuch nicht möglich sei, da seine Frau das nicht wünsche.

Weil mein Vater sich seiner Verantwortung entzogen hatte, wurde ich also als uneheliches Kind geboren und wuchs mit der Mutter, die noch bei den Eltern lebte, den Großeltern und Onkel Kurt, dem jüngeren Bruder meiner Mutter, heran. Aber da ich von allen geliebt wurde, vermisste ich meinen Vater nicht.

Wir lebten in einer Mietwohnung, die für damalige Verhältnisse gar nicht so schlecht war, denn es gab für jeden eine Schlafstube, eine große Wohnküche mit angrenzender Speisekammer und eine sogenannte »Gute Stube«, die nur an den hohen Feiertagen beheizt und benutzt wurde und deren dunkles Mobiliar immer ein wenig feucht glänzte.

Als ich auf die Welt kam, lebten von den zehn Kindern, die meine Großmutter geboren hatte, nur noch meine Mutter Elsa, ihre ältere Schwester Elli, die bereits verheiratet war und im Nachbarort wohnte, und eben Onkel Kurt. Sieben Kinder, die Litti, das Dorle,

Heinrich, Willy, Ella, Anna und Heinz, waren an Diphtherie oder Lungenentzündung gestorben.

Besonders nah ist meiner Großmutter der Tod des Dorle gegangen, das im zarten Alter von vier Jahren an Lungenentzündung starb. Über all die anderen toten Kinder ist sie hinweggekommen, nur über das eine nicht.

So erzählte sie immer wieder, dass das Dorle ein paar Tage nach ihrem Tod zu ihr gekommen sei: »Da ging die Tür auf, und ein voller Eimer mit Wasser wurde von unsichtbarer Hand in die Stube geschüttet«, behauptete Großmutter steif und fest. »Aber es bildete sich keine Pfütze, denn es waren meine Tränen. Ich ging hinaus, um nachzusehen, was es damit auf sich hatte. Da saß das Dorle im Flur auf der untersten Treppe. ›Weine nicht so sehr um mich, Mutti‹, bat sie, ›mir geht es so gut im Himmel. Du hast keinen Grund, traurig zu sein.‹ Ich sah sie ganz deutlich mit ihrem hellblonden, feinen Lockenkopf und ihren himmelblauen Augen auf den Stufen sitzen«, sagte die Großmutter. »Ich habe es nicht geträumt. Es ist wirklich so geschehen.«

Diese Geschichte erzählte sie nicht nur ihrer Familie, sondern auch allen Nachbarn, Bekannten und Verwandten – allen eben, die es hören wollten.

Ich wuchs in keinem dieser reizvollen Umgebindehäuser heran, sondern in einer Siedlung im Neudorf, die erst nach dem Weltkrieg erbaut worden war. Die Häuser waren also ziemlich neu und darüber hinaus keineswegs trist und grau, sondern umgeben von blühenden Gärten und Gemüsebeeten. Mein kindlicher Horizont beschränkte sich im Wesentlichen auf sechs Häuser, in denen jeweils zwei Familien lebten – eine im Parterre, die andere im Obergeschoss. Die Siedlung gehörte der Gemeinde, und jeweils sechs Blöcke zusammen benutzten eine Wasserpumpe, die sich in der Mitte zwischen den Häuserreihen befand. Es gab also kein fließendes Wasser in den Wohnungen und auch keine Toilettenspülungen, wie es in größeren Städten längst üblich war. Wir mussten alles Wasser an der Pumpe holen, zu der kleine Wege führten, auf denen ich als Kind unzählige Male auf und ab gelaufen bin, denn so gelangte ich auch zu meinen Spielkameraden in den anderen Häusern.

An der Pumpe konnte man immer viel Tratsch und Klatsch hören, der für mich als keines Mädchen überaus verwirrend war, sodass ich mich manchmal fragte, ob alle Erwachsenen in Rätseln sprachen. Da wurde beispielsweise von einem Hitler gesprochen, der Unglück über uns bringen würde, wie die einen meinten. Nein, er sei ein Segen für uns, widersprachen andere, denn er werde endlich mit der Arbeitslosigkeit aufräumen. Dann wurde wieder über das Kommunistenpack und die vaterlandslosen Sozialisten gewettert oder über die »Sauerei des Versailler Vertrages«, der Deutschland nach dem Ersten Weltkrieg »erniedrigt« habe.

Wenn die Frauen jedoch unter sich waren, ging es selten um Politik; da wurde über den alltäglichen Kram getratscht – wer mit wem, wer heiratete oder sitzengelassen wurde, wer ein Kind bekam, wobei am interessantesten natürlich ledige Mütter waren. Man diskutierte, welcher Familienvater stets das Geld versoff und wer dagegen ordentlich und rechtschaffen war. Obwohl ich immer die Ohren spitzte, wenn ich mit Großmutter oder Großvater bei der Pumpe war, wurde ich aus ihren Gesprächen einfach nicht schlau.

Alle vier Wochen fand abwechselnd in einem der Häuser die große Wäsche statt. Dann wurde das Wasser der Pumpe durch eine Leitung in den Keller des jeweiligen Hauses gepumpt, und die anderen Häuser hatten dann eben kein Wasser – das war nicht zu ändern, doch aus diesem Grund war es wichtig, dass der Waschtag vorher angekündigt wurde.

Ebenfalls alle vier Wochen wurde bei uns gebadet. Zu diesem Zweck schleppten wir eine Holzwanne aus dem Keller in die Küche, und da man die anderen Familienmitglieder nicht nackt sehen durfte, wurde die Wanne mit Tüchern verhängt. Jedes Mal gab es Diskussionen, in welcher Reihenfolge wir in die Wanne stiegen, denn alle badeten im selben Wasser – heute, wo jeder ein Bad und fließendes warmes Wasser hat, ein undenkbarer Zustand!

Unter den Nachbarn aus den anderen Häusern unserer kleinen Siedlung ist mir besonders die Gustl in Erinnerung geblieben, weil sie einen unwahrscheinlich dicken Bauch hatte. »Was hast du denn für einen dicken Bauch?«, fragte ich sie als kleines Kind immer wieder und betrachtete ungeniert ihren unförmigen Leib. »Da ist ein Wolf drin«, pflegte sie zu antworten. Beim ersten Mal erschrak ich bei diesen Worten, doch als ich sie dann lachen sah, wusste ich, dass sie nur scherzte. Allerdings konnte sich niemand erklären, warum ihr Bauch so dick war, der übrige Körper dagegen nicht. Die Beine waren ziemlich dünn, die Arme ebenso, und ein Busen war unter der grau-weiß geblümten Kittelschürze, die sie immer trug, nicht zu erkennen. Falls es krankhaft war, dann konnte es keine ernsthafte oder bösartige Sache gewesen sein, denn die Gustl war nie krank und jammerte auch nicht über irgendwelche Beschwerden. Man hörte sie überhaupt niemals über etwas klagen, und nicht einmal die Tatsache, dass ihr Mann, ein Schuster, sich eine »zweite Frau« zugelegt hatte, vermochte sie wirklich zu erschüttern.

»Bestimmt ist ihr dicker Bauch daran schuld, dass der Gustl ihr Mann immer zur Frau Stolle in die Hetzmühle geht«, bemerkte ich altklug zu meiner Mutter, denn ich wusste, dass die Frau Stolle keinen dicken Bauch hatte und überhaupt ein »ganz ansehnliches Weib« sein sollte, wie der Großvater immer sagte. Meine Mutter konnte sich bei meinem durchaus nicht abwegigen Kommentar ein Lachen nicht verkneifen, doch Großmutter schien meine vorlaute Bemerkung überhaupt nicht lustig zu finden und warf ihrer Tochter einen vorwurfsvollen Blick zu.

In den anderen Häusern wohnten außerdem die Familien Hänschl und Bär, die Neumanns und die Zimmermanns, die Familien Rolle und Köhler und die Webers, die sieben Kinder hatten. Der Weber Paul galt als waschechter Kommunist, auch wenn man nach Hitlers Machtergreifung, als die Kommunisten in die Konzentrationslager geschickt wurden, darüber nur noch hinter vorgehaltener Hand zu sprechen wagte. Es nahm dann auch ein böses Ende mit dem armen Paul Weber.

Fröhliche Feste und ein Konzert

Die Jahre meiner Kindheit waren von immer wiederkehrenden Festen geprägt, von denen es in unserem Dorf eine ganze Menge gab. Wo immer und wann immer sich ein Anlass bot, feierten die Oberlausitzer gerne und ausgiebig.

Es begann mit dem Fastnachtsdienstag, an dem es Sitte war, dass wir Kinder in Gruppen von Haus zu Haus gingen, um im Chor unser Verslein aufzusagen: »Foaasnachtsnoarrn wulln o woaas hoann, fer ann Dreier Wurscht unn Speck, murne is de Foaasnacht weg.«

Anschließend steckten uns die Leute etwas in unseren Beutel, das Bettlsäckl – Süßigkeiten, auch Obst, manchmal sogar Geld, was uns am liebsten war.

Am Gründonnerstag zogen wir wieder mit einem Leinensäckchen durch die Straßen und sagten an den Haustüren einen neuen Spruch auf: »Heite zun'n Grindunnerschtag / gat mer was an'n Battlsaack, / lußt miech ne zu lange stihn. / Iech will a Häusl wettergihn!«

Dann kam der Pfingstsonntag, und die ganze Familie strömte auf den Oderwitzer Spitzberg, von wo aus man bei schönem Wetter bis ins Riesengebirge schauen konnte. Auch Pfingstmontag wurde wieder etwas geboten, denn in Hofefeld trat an diesem Tag alljährlich ein Männerchor in Aktion. Frauen gingen dann mit großen Körben herum und verkauften Räucherwürste und Mohnzöpfe.

Und weiter ging es mit den Festen im Lauf des Jahres. So strömten zur Sonnwendfeier die Leutersdorfer zum Steinbruch, wo ein Volkschor sang und eine Blasmusik für Stimmung sorgte. Am Vormittag war bereits ein großer Scheiterhaufen aus Reisig und Holz aufgeschichtet worden, um den wir Kinder noch zu später Stunde herumhüpften, alte Besen in die Flammen hielten, um Feuerräder zu schlagen, sodass die Funken nur so sprühten.

Zur »Kirmst«, die im Herbst stattfand, kam die ganze Verwandtschaft in den jeweiligen Orten zusammen, und man verdrückte Berge von Kuchen. Auf die Kirmes in Ebersbach freute ich mich immer besonders, denn dann besuchten wir Tante Ida, eine Schwester meiner Oma, die in eine ziemlich wohlhabende Familie eingeheiratet hatte. Das Schönste war, dass Tante Ida einen Papagei besaß. Dieser große bunte Vogel, der sprechen konnte, war in meinen Augen eine Sensation. Als ich ihn das erste Mal zu Gesicht bekam, blieb mir die Spucke weg, doch selbst Jahre später konnte ich es kaum fassen, wenn er uns beim Eintreten ins Wohnzimmer höflich begrüßte und uns ebenso höflich verabschiedete, wenn es Zeit zum Gehen war. Der Wundervogel trug übrigens aus unerfindlichen Gründen den merkwürdigen Namen Herr Schnuckrich.

Die Warnsdorfer Verwandten hatten zwar kein exotisches Tier, dafür aber neben der besten Eierschecke den schönsten Obstgarten zu bieten, wo ich wunderbar herumtollen konnte, wenn der Bauch voll war vom Kuchen.

Waren die festlichen Tage vorüber, kehrte jeder an seine Arbeit zurück: Meine Mutter nähte zu Hause für die großen Bauern und die wohlhabenden Leute im Ort, die Großeltern gingen in die Fabrik, in der Leinen hergestellt wurde, und Onkel Kurt, der noch bei uns im Haushalt lebte, lernte Tischler. Als ich zum fünften Geburtstag ein Klavier und gleich darauf ein neues Fahrrad bekam, absolvierte er gerade seine Gesellenprüfung.

Es gibt Ereignisse, die prägen sich ganz fest ein, graben sich sozusagen fürs ganze Leben ins Gedächtnis ein, als wären sie erst gestern geschehen. Meistens handelt es sich dabei um Begebenheiten, die entweder besonders schön oder besonders schrecklich gewesen sind. Ein Ereignis in meiner frühen Kindheit zählt zu Letzterem, und leider war ausgerechnet mein neues Klavier, auf das ich so stolz war, daran schuld. Nachdem ich einige Monate an der Seite einer strengen Klavierlehrerin geübt hatte, sollte ich im Rahmen eines Konzertes aller Schüler eine erste Kostprobe meiner neu erworbenen Fähigkeiten abgeben. Ich war die jüngste Schülerin, die an diesem Tag vorspielen sollte, und noch keine sechs Jahre alt.

Obwohl ich keine Klavierstunde versäumte und obwohl mir das Spielen auch Spaß machte, war von Anfang an klar, dass meine musikalischen Talente begrenzt waren, doch immerhin brachte ich es innerhalb kurzer Zeit zu ein paar netten, leichten Liedern, darunter eines von Schubert, und genau dieses sollte ich bei jenem unvergesslichen Vorspielabend zum Besten geben. Vor diesem ersten großen Auftritt war ich schon Wochen vorher so aufgeregt und nervös, dass ich kaum noch schlafen konnte, denn schließlich wollte ich mich und meine Familie nicht blamieren.

Im Saal herrschte eine beinahe feierliche Atmosphäre, und viele Zuschauer waren gekommen, die sich für diesen Anlass richtig fein gemacht hatten. Als ich die Bühne betrat, sah ich meine Großeltern und meine Mutter erwartungsvoll und stolz in der ersten Reihe sitzen. Eigentlich hätte nichts schiefgehen sollen, denn ich kannte das Stück in- und auswendig, doch als ich die vielen Leute sah, die gespannten Gesichter, vielleicht auch das eine oder andere zweifelnde Grinsen bemerkte, überfiel mich Panik. Meine Hände begannen nass zu werden und zu zittern, und die Noten, die aufgeblättert vor mir standen, verschwammen vor meinen Augen. Ich war wie gelähmt! Das Liedchen, das ich zu Hause gerade noch so schön gespielt hatte, war wie ausgelöscht. Ich konnte nichts mehr, nicht einen einzigen Akkord. Zum Glück bemerkte meine Klavierlehrerin meine Verzweiflung und kam mir zu Hilfe.

»Schau nicht auf die Leute«, flüsterte sie mir zu. »Tu so, als ob sie gar nicht hier wären.«

Dann schlug sie den ersten Akkord an und legte meine Hände auf die Tasten. In diesem Moment fiel wie ein Wunder die Aufregung, die mich so blockiert hatte, von mir ab, und ich spielte das Stück fehlerfrei bis zum Ende. Trotzdem traute ich mich kaum, den Kopf zu heben und nach unten in die Menge zu schauen. Erst als ich den begeisterten Applaus hörte, wich endlich die Spannung, und ich konnte mich freuen. Doch diesen Schrecken, diese Panik, die ich in den Minuten vorher erlebt hatte, würde ich mein Leben lang nicht vergessen.

Heinrich, der Wunderheiler

Obwohl mein Großvater nur ein einfacher Arbeiter war, dazu Kommunist und Atheist, genoss er im Dorf einiges Ansehen, denn er verfügte über geheimnisvolle, heilende Kräfte. Diesen Fähigkeiten hatte ich das Klavier, das Fahrrad und die schönen Kleider zu verdanken.

»Könnte nicht einmal der Heinrich bei uns vorbeikommen? Meiner Frau geht es furchtbar schlecht. Er hat doch auch der Frau Klose geholfen.«

An manchen Tagen war der Großvater noch nicht von der Arbeit zurück, wenn schon wieder nach ihm gefragt wurde.

»Ich werde es ihm ausrichten«, versprach dann meine Großmutter und erkundigte sich neugierig nach der Art der Beschwerden.

»Sie kann sich nicht mehr rühren. Bei jeder Bewegung tut ihr der Rücken weh«, sagte etwa der Fleischermeister Henschel. »Sie kann nicht mehr in den Laden kommen, und ich stehe allein da, und das mitten im Weihnachtsgeschäft.«

»Er wird bald kommen, so gegen sechs«, versprach die Großmutter, die sich bei diesem Besuch ein schönes, großes Stück Fleisch ausrechnete.

Mein Großvater war im Dorf und sogar über dessen Grenzen hinaus als Wunderheiler bekannt. Man glaubte fest daran, dass von seinen Händen heilende Kräfte ausgingen, und die Zahl der zufriedenen Patienten wuchs.

Deshalb wurde er immer öfter zu Leuten gerufen, die krank waren, Schmerzen hatten, die der Arzt nicht beheben konnte oder die sich diese vielleicht nur einbildeten.

»Legen Sie sich erst mal ganz flach hin, Frau Henschel«, redete er etwa der Fleischersfrau zu, und dann strich er mit seinen großen, kräftigen, blau geäderten Händen vom Kopf abwärts über den Körper der Frau, wobei er die Augen geschlossen hielt. Anschließend schüttelte er die Hände, um sich der Gifte, die er vielleicht aufgesogen hatte, zu entledigen. Diese Prozedur wiederholte er so oft, bis es der Frau besser ging. Als er heimkam, war er wie immer nach solchen Behandlungen ganz erschöpft, so als wäre er seiner körperlichen Kräfte völlig beraubt worden. Es war ein merkwürdiges Phänomen, aber er glaubte daran und die Kranken, die ihn riefen, ebenfalls.

Eines Tages, kurz nach meinem unvergesslichen Klaviervortrag, klopfte sogar das Dienstmädchen der Fabrikantenfamilie Fünfstück, der die Textilfabrik gehörte, bei uns an.

»Die gnädige Frau schickt mich«, sagte das Mädel und machte einen Knicks.

»Ich soll fragen, ob Ihr Mann nicht einmal vorbeikommen könnte. Sie weiß nämlich vor Kopfschmerzen nicht mehr ein noch aus.«

»Selbstverständlich wird er kommen«, versprach meine Großmutter beflissen. »Gleich nach der Arbeit, so gegen sechs oder sieben.«

Das junge, rothaarige Mädchen knickste erneut und lief zurück zur Villa des Fabrikanten, die auf einem Hügel am Ortsrand stand.

»Wer war denn das?«, fragte ich meine Mutter neugierig.

»Das Dienstmädchen der Fünfstücks«, erwiderte sie zerstreut und fuhr in Gedanken mehr zu sich selbst fort: »Dass die unseren Vater bitten, hätte ich nicht gedacht.« Der Name Fünfstück sagte mir etwas. Ich wusste, dass die drei Töchter der Familie bis zur vierten Klasse in die Dorfschule gegangen waren, aber ansonsten hatte man sie beim Spielen nie gesehen. Als sie dann aufs Gymnasium wechselten, waren sie unseren Augen ganz entschwunden. Allerdings hatte ich ohnehin nichts mit ihnen zu tun, denn sie waren erheblich älter.

»Hoffentlich geht er auch wirklich hin«, bemerkte meine Großmutter zweifelnd und runzelte die Stirn. »Du kennst ja seine Einstellung, was die Kapitalisten betrifft.«

»Ich frage mich nur, wie es uns ginge, wenn es die Fabrik nicht gäbe«, antwortete die Mutter und setzte sich wieder an ihren Nähtisch beim Fenster. Während sie auf der Maschine ratterte, fuhr sie fort: »Vor ein paar Jahren, als Millionen von Menschen von der Stütze leben mussten und es ihnen unvorstellbar dreckig ging, gab es hier in der Fabrik noch Arbeit für den Vater und für dich.«

»Du hast ja recht«, musste die Großmutter zugeben, strich ihr Haar zurück und seufzte. »Ich bin ja auch nicht seiner Meinung, aber er ist und bleibt nun mal ein Kommunist. Deshalb habe ich so meine Bedenken, ob er wirklich zu den Fünfstücks gehen wird.«

»Wenn er es nicht tut«, erwiderte meine Mutter heftig von der Nähmaschine her, »dann rede ich kein Wort mehr mit ihm.«

Ich saß auf dem Sofa und spitzte die Ohren. Die Worte Kommunismus und Kapitalismus hörte ich zum ersten Mal in meinem Leben – was nicht verwunderlich war, da ich schließlich noch nicht zur Schule ging. Doch obwohl ich den Sinn nicht verstand, ahnte ich, dass es damit eine besondere Bewandtnis haben musste.

Als mein Großvater dann am Abend heimkam und die Mutter ihm vom Anliegen der Fabrikantengattin erzählte, ging zunächst einmal ein mächtiges Donnerwetter los, weil Frau und Tochter zugesagt hatten. Aber schließlich konnten die beiden ihn doch überreden, denn widerwillig musste er einsehen, dass es unklug wäre, in Zeiten anhaltender Arbeitslosigkeit seinen Arbeitgeber zu verärgern. Außerdem winkte bestimmt eine gute Entlohnung, und in dieser Hinsicht dachte der Großvater durchaus kapitalistisch.

»Wenn ich der guten Frau« – er betonte das Adjektiv »gut« dabei recht spöttisch – »helfen kann, dann werde ich aber kräftig zulangen«, sagte er, ging in die Schlafstube hinüber und holte seinen besten Anzug heraus, den er das letzte Mal bei meinem großen Auftritt angezogen hatte.

»Na, mach dich bloß nicht zu fein«, spöttelte meine Großmutter. »Erst willst du gar nicht hin, und jetzt muss es gleich der beste Anzug sein.«

An diesem Abend kam Großvater sehr spät nach Hause. Ich hatte schon tief und fest geschlafen, als mich Lärm und Gepolter im Treppenhaus aufweckten. Als ich dann auch noch meine Großmutter und Mutter lamentieren hörte, stieg ich aus dem Bett und lief barfuß in den Flur hinaus.

So verschlafen ich auch war, begriff ich doch schnell, dass Großvater an diesem Abend kräftig einen über den Durst getrunken hatte. Sein Fahrrad, mit dem er schnurstracks in den großen Hausflur gefahren sein musste, lag auf dem Boden und er daneben. Den Hut hatte er zwar noch auf dem Kopf, aber er saß ganz schief und war nach vorne gerutscht, ein Hosenträger hing unordentlich herab, doch ansonsten schien alles in Ordnung zu sein. Meine Mutter, die Großmutter und der Walter, der über uns wohnte, hatten Mühe, ihn aufzuheben, denn er war ein großer, kräftiger Mann. Schließlich gelang es ihnen mit vereinten Kräften, ihn ins Bett zu bringen, und bald drang sein lautes Schnarchen bis in meine Kammer.

»Dass er sich gleich so besaufen muss«, jammerte meine Großmutter, während meine Mutter lachte.

»Es kommt doch nicht oft vor«, versuchte sie die Oma zu beruhigen. »Ab und zu muss er einmal über die Stränge schlagen dürfen.«

»Er wird sich doch nicht bei den Fünfstücks so bedudelt haben?« Sie blickte kopfschüttelnd auf ihren schnarchenden Mann und ging dann ebenfalls zu Bett.

Am nächsten Morgen beim Frühstück erzählte der Großvater, der wieder völlig hergestellt und bester Laune war, von seinem Husarenstück.

»Also, allein der Flur von den Fünfstücks ist so groß wie unsere Wohnung«, begann er seinen Bericht über den gestrigen ereignisreichen Abend.

Ich sperrte Mund und Augen auf und vergaß für eine Minute zu kauen, denn das konnte ich mir nicht vorstellen: ein Flur, der größer war als unsere Wohnung, die für meine Verhältnisse schon riesig war. Aber wenn der Großvater es sagte, musste es wohl stimmen.

»Und hast du die Gnädige von ihren Kopfschmerzen befreien können? Hat es geklappt?«, wollte die Großmutter wissen, denn das war ihr das Wichtigste bei der Geschichte.

»Und ob«, antwortete der Großvater mit stolzgeschwellter Brust und bestrich dabei eine Schnitte dick mit »guter Butter«, wie man damals in Abgrenzung zur Margarine sagte. »Keine Viertelstunde nach meiner Behandlung ging es ihr besser.«

»Dann hast du also wirklich geholfen!«, rief ich aus und warf meinem Großvater einen bewundernden Blick zu.

»Meinst du, dass das, was bei den einfachen Leuten hilft, bei den Reichen nicht funktioniert?«, fragte mich mein Großvater spöttisch.

»Na, und wie ging es weiter? Was hast du dafür bekommen?«, fragte meine Mutter, die der finanzielle Aspekt am meisten interessierte.

»Hol mal meine Jacke, Ursel!«, befahl er in seiner ein wenig autoritären, aber niemals einschüchternden Art, und ich sprang sofort auf.

»Hoffentlich ist noch alles drin«, bemerkte die Großmutter seufzend. »So wie du gestern nach Hause gekommen bist, wäre es kein Wunder, wenn das Geld weg wäre.«

Bei diesem Einwand seiner »besseren Hälfte« schien dem Großvater etwas mulmig zumute zu werden, denn so ganz konnte er sich an die Einzelheiten des gestrigen Abends nicht mehr erinnern. Als ich mit der Jacke kam und nachgezählt wurde, war zu seinem Glück das ganze Geld noch da – abgesehen von den paar Groschen, die er in der Waldschenke verzecht hatte.

»Zehn Mark!«, staunte meine Mutter. »Davon bekommen wir einen ganzen Waschkorb voll Lebensmittel.«

»Ja, die Fünfstücks sind großzügig, aber sie haben es ja auch«, bemerkte Großvater und strich sich über den Bart.

»Nach der Behandlung haben sie mich zu Tee mit Rum eingeladen und mir einen ganz feinen Kuchen vorgesetzt.«

»War der Herr Fünfstück denn auch da?«, fragte die Großmutter neugierig.

»Ja, er kam gerade aus der Fabrik, setzte sich zu uns und hat sich mit mir unterhalten.«

»Hoffentlich nicht über Politik«, warf meine Großmutter ein.

»Ich hätte ihm schon gerne meine Meinung gesagt, was ich über die sozialen Verhältnisse denke, aber das wäre bei seiner Großzügigkeit doch nicht ganz angebracht gewesen.«

»Gott sei Dank!« Die Großmutter atmete erleichtert auf.

»Und dann, als dich der Rum und die Freundlichkeit der Fünfstücks in so gute Laune versetzt hatten, konntest du nicht umhin, in die Waldschenke zu radeln«, lachte meine Mutter und blickte noch immer ganz verzückt auf die zehn Reichsmark.

»Bernds Emil kam die Straße entlang, als ich gerade nach Hause wollte«, rechtfertigte sich der Großvater. »Und ich habe ihm leider erzählt, dass man mich zu den Fünfstücks gerufen hat, um der armen Frau zu helfen. Daraufhin musste ich natürlich einen ausgeben. Der Emil hat nicht locker gelassen. Ich hätte die Sache lieber für mich behalten sollen, aber nun ist es mal passiert.« Als sich in der Gegend herumsprach, dass mein Großvater sogar die Fabrikantengattin von ihrer Migräne befreit hatte, war er noch gefragter als zuvor.

Irgendwie passten diese übernatürlichen Fähigkeiten, von denen er überzeugt war, gar nicht zu seiner sonst so rationalen Art, die nur gelten ließ, was auf der Erde geschah, und von einem lieben Gott im Himmel nichts wissen wollte.

Es durften auch keine christlichen Symbole in unserer Wohnung hängen, nicht einmal die »Betenden Hände« von Dürer, die meine Mutter von einer Bekannten geschenkt bekommen hatte. Als sie das schön geschnitzte Holzrelief in der »Guten Stube« aufhängen wollte und der Großvater hinzukam, musste sie es sofort wieder abnehmen. Doch auch wenn er in dieser Hinsicht rigoros war, hatte er nichts dagegen, dass die Großmutter mit mir in die evangelische Kirche ging.

Meine Oma hatte es nicht immer leicht mit ihrem wilden Heinrich – nicht nur, was die Religion anging. Während ich ihn nur als herzensguten Großvater kannte, scheint er nicht immer ein fürsorglicher Ehemann gewesen zu sein, denn eines Tages in der Frühzeit ihrer Ehe verspürte er plötzlich Fernweh in seiner breiten Brust und schiffte sich einfach nach Übersee ein, von wo er jedoch ebenso überraschend zurückkehrte und wieder seinen Platz in der Familie einnahm, als wäre nichts geschehen. Er sprach so gut wie nie von diesem brasilianischen Abenteuer.

Umso mehr redete er über Politik und bezeichnete sich als überzeugten Atheisten und Kommunisten, was in jener Zeit, in die meine frühesten Erinnerungen zurückreichen, von den meisten Leuten nicht gerade geschätzt wurde, denn seit Anfang der dreißiger Jahre wollte man lieber glauben, dass für Deutschland endlich wieder eine große Zeit anbrach, in der kein Platz war für antinationalistische Quertreiber. Auch in unserem Dorf gab es nicht wenige, die schon sehr früh alles Heil der Welt in Adolf Hitler zu finden glaubten. Mein junger Onkel, ein strammer Nazi, gehörte ebenfalls dazu, und so konnte es nicht ausbleiben, dass es zu heftigen Auseinandersetzungen zwischen Vater und Sohn kam, vor allem wenn Kurt mich auch noch zu beeinflussen versuchte.

»Ursel, wenn du größer bist, darfst du zu den Jungmädeln, dann gehörst auch du dem Führer«, sagte er eines Tages zu mir und warf dabei meinem Großvater einen provozierenden Blick zu. »Die Kommunisten haben ausgespielt«, redete er euphorisch weiter und hielt meinem Großvater die Zeitung unter die Nase. »Die Demokraten haben ebenfalls ausgespielt. Jetzt gibt es nur noch eine Partei und einen Führer. Jetzt weiß man wenigstens, wo es langgeht, und endlich hat das ganze Durcheinander mit den Schwätzern im Reichstag ein Ende.«

Der Großvater nahm das »Lausitzer Tagblatt« zur Hand, warf einen kurzen Blick darauf und legte es sogleich resigniert und enttäuscht zur Seite. »Mit den Nazis will ich nichts zu tun haben«, brummte er. »Du wirst schon sehen, wohin uns dieser Hitler führt, nämlich in einen neuen Krieg.«

Die Großmutter schaute besorgt zu ihm hin. »Du wirst doch hoffentlich nicht recht haben, Heinrich«, murmelte sie.

In den nächsten Wochen, als es in Deutschland drunter und drüber ging, der Reichstag aufgelöst wurde und Hitler zum Reichskanzler ernannt wurde, erlosch das Feuer in den leuchtend blauen Augen des Großvaters mehr und mehr. Müde schaute er plötzlich aus, aber auch ergeben in ein Schicksal, gegen das er nichts ausrichten konnte.

Kurz darauf war der wilde Heinrich tot. Es ging ganz schnell, wenngleich ihm Zeit blieb, mit dem Herrgott seinen Frieden zu schließen. Plötzlich verlangte er nach dem christlichen Kalender der Herrnhuter Brüdergemeinde, den die Großmutter jedes Jahr in einem versteckten Winkel der Küche aufhängte. Und genauso, wie er viele Male über die Körper der Kranken gestrichen hatte, strich er nun über das Christusbild. Er starb kurz vor Weihnachten 1932 – er musste die Machtergreifung und all das Schreckliche, das bald auf uns hereinstürmen sollte, nicht mehr miterleben.

Winterzeit – Weihnachtszeit

Bei uns in der Oberlausitz gab es im Winter stets viel Schnee, den der Ostwind ins Land wehte, und es war zudem oft bitterkalt.

Ich erinnere mich noch ganz deutlich daran, wie es war, wenn wir bei solchem Wetter zur Schule gehen mussten. Es war noch dunkel, wenn ich mich mit den anderen Kindern aus der Siedlung auf den Weg machte. Der Schnee knirschte unter unseren Füßen, und stumpfsinnig, ohne ein Wort zu reden, trotteten wir etwa einen Kilometer bis zu unserem Schulhaus. Wir waren dann sogar heilfroh, das warme Klassenzimmer zu erreichen – im Sommer wäre uns nie ein solcher Gedanke gekommen, da nutzten wir jede Minute, die wir nicht ins Klassenzimmer gehen mussten. Was ansonsten in der Schule vor sich ging, habe ich weitgehend vergessen, weil es offensichtlich keinen nachhaltigen Eindruck bei mir hinterlassen hat. Obwohl ich nicht besonders gerne zur Schule ging, war ich eine gute bis mittelmäßige Schülerin, aber zu keiner Zeit stand eine weiterführende Schule für mich zur Diskussion, nicht die Realschule in Warnsdorf und schon gar kein Gymnasium.

In unserem Dorf hing man nämlich noch der alten Vorstellung an, dass Bildung nur etwas für reiche Leute sei.

Nach dem Unterricht begann eigentlich erst unser wirkliches Leben, wenn wir uns nach der lästigen Pflicht dem Vergnügen widmen konnten. Das begann schon auf dem Heimweg, den wir durch allerlei Spiele hinauszögerten, und fand am Nachmittag seine Fortsetzung.

Besonders schön war natürlich die Weihnachtszeit, und speziell bei uns zu Hause ging es dann hoch her. Meine Mutter und die Großmutter handelten nämlich seit Jahren vor Weihnachten mit Lebkuchen und Kaffee, richtiger gesagt: Sie organisierten Sammelbestellungen. Dieser Aufwand wurde belohnt, indem sie Prozente bekamen und sich dafür wiederum etwas kaufen konnten. Mich freute das außerordentlich, weil oft eine Extraportion Lebkuchen dabei raussprang. Und so war unsere Küche dann meist gesteckt voll, wenn die Nachbarn kamen, um ihre Wünsche anzumelden. Im Kanonenofen knisterte das Feuer, und es wurde geschnattert und getratscht, dass man sein eigenes Wort nicht mehr verstand. Meine Mutter saß ausnahmsweise einmal nicht an der Nähmaschine, sondern am Küchentisch und nahm mit Großmutter die Bestellungen auf. Der Kaffee wurde in Hamburg geordert, die Lebkuchen in Main-Bernheim bei Würzburg.

»Heuer nehme ich zu den einfachen Lebkuchen noch ein Päckchen von den Bärenbomben«, sagte die Henschel Auguste zu meiner Mutter. »Schreib es auf.« Sie kicherte, weil sie schon drei Gläschen von Großmutters selbst gemachtem Kirschlikör gekostet hatte. »Der Emil wird mich ausschimpfen, wenn er es erfährt, aber ich bestelle trotzdem welche. Einmal im Leben möchte ich sie probieren.« Es war gut, dass sie es tat, denn in nicht zu ferner Zukunft sollte es keine Bärenbomben mehr geben, selbst keine einfachen Lebkuchen, und auch der Kaffee würde rar werden.

»Und ein Päckchen Kaffee oder zwei?«, fragte meine Mutter, die eifrig Notizen machte.

»Zwei«, antwortete die Auguste resolut und dann zu meiner Großmutter gewandt: »Schenk mir doch noch ein Gläschen ein.« Es war bekannt, dass die Henschel Auguste gerne etwas trank, und so warfen sich die anderen Frauen bedeutsame Blicke zu.

»Dass du dann aber auch alles bezahlen kannst«, mahnte die Großmutter, die ein wenig widerwillig das Glas erneut füllte.

»Mach dir darüber keine Gedanken. Habe ich mein Zeug nicht immer ordentlich bezahlt?«

»Nu freilich«, lenkte die Großmutter schnell ein, denn sie wusste, dass die Auguste recht streitsüchtig werden konnte, wenn sie einen in der Krone hatte.

Waren die Bestellungen weggeschickt, machte man sich ans Backen der Christstollen, wobei der Teig zu Hause geknetet und dann zur Bäckersfrau gebracht wurde, die die Laibe in den großen Backofen schob.

Wenngleich die Stollen ebenfalls etwas Besonderes waren, was es nicht alle Tage gab, so waren sie in meinen Augen nichts gegen die köstlichen, gefüllten Bärenbomben aus Franken, auf die ich mich das ganze Jahr über freute. Etwa drei Wochen nach der Bestellung traf meist die Lieferung ein, und die Pakete wurden im Wohnzimmer gestapelt, das nur halb so groß wie die Küche war, sodass man es kaum noch betreten konnte, aber dieser Raum wurde ohnehin erst Weihnachten wieder benutzt. Verlockend breitete sich der köstliche Duft der Lebkuchen in der ganzen Wohnung aus, doch ich durfte keinen einzigen kosten. So sehr ich sonst verwöhnt wurde – in dieser Hinsicht gab es kein Pardon.

Dann eines Tages füllte sich unsere Küche erneut, denn die Nachbarinnen kamen, um ihre Schätze abzuholen. Manchmal gab es Missverständnisse, weil etwas nicht richtig bestellt worden war, aber meistens lief alles glatt, und die Frauen zogen zufrieden mit ihren Lebkuchen und dem Kaffee von dannen und freuten sich auf das Weihnachtsfest. Am allermeisten freute ich mich, weil ich dann endlich die Bärenbomben essen durfte.

In einem Jahr allerdings wurden die weihnachtliche Stimmung und die Vorfreude erheblich getrübt, und schuld daran war mein leichtsinniger Onkel Kurt. Vor allem hätte er durch seine »Heldentat« beinahe die langjährige Freundschaft zwischen der Großmutter und der Bäckersfrau Milda zerstört.

Der Kurt muss damals etwa zwanzig Jahre alt gewesen sein, also in einem Alter, in dem man eigentlich wissen sollte, was richtig und was falsch ist. Doch er und seine Freunde wussten es anscheinend nicht.

Großmutter steckte mitten im Trubel mit ihren Lebkuchen, als ihr Sohn mit einer Bande junger Männer in die Küche stürmte und prahlte, dass sie ein echtes Fünfmarkstück auf der Straße gefunden hätten.

»Lass einmal sehen!«, bat ich Onkel Kurt, und er zeigte mir das Geldstück. »Damit könnten wir eine Menge Kuchen kaufen«, sagte ich, »wenn wir schon keine Lebkuchen bekommen.«

»Keine schlechte Idee«, meinte einer der Burschen. »Irgendwie müssen wir das Geld ja unter die Leute bringen.« Er warf Onkel Kurt einen bedeutsamen Blick zu, und die beiden grinsten über das ganze Gesicht.

Großmutter und Mutter waren viel zu beschäftigt, um der Angelegenheit große Aufmerksamkeit zu schenken. Erst als Onkel Kurt mit einem riesigen Kuchenpaket ankam, wunderten sie sich ein wenig, stellten aber weiterhin keine Fragen. Es wurde Kaffee gekocht, und im Nu war der Kuchen weg.

Gegen Abend klopfte es dann bei uns an der Tür. Draußen stand die Milda, und ihr Gesichtsausdruck verhieß nichts Gutes. »Also, das hätte ich von deinem Kurt nicht gedacht, dass er ein Betrüger ist«, ging sie auf die Großmutter los und zeigte ihr das Fünfmarkstück, mit dem Onkel Kurt den Kuchen bezahlt hatte. »Da habt ihr euer Geld wieder, es ist nämlich falsch.«

Großmutter fiel aus allen Wolken. »Aber das kann doch nicht sein! Du musst dich täuschen.« Sie blickte ratlos auf das Geldstück, das ganz echt wirkte. »Die Burschen haben es auf der Straße gefunden«, fügte sie etwas kleinlaut und unsicher geworden hinzu.

»Es ist falsch, und wenn du mir nicht glaubst, dann kündige ich dir die Freundschaft und gehe zur Polizei.«

Die Großmutter musste einsehen, dass die Milda die Wahrheit sagte. Sie ging in die Küche zurück und sah die flammend roten Köpfe der Burschen, die um den Tisch saßen. Damit war alles klar.

»Die Milda behauptet, das Fünfmarkstück sei falsch«, sagte sie mit eisigem Blick. »Komm einmal raus, Kurt, ich habe mit dir zu reden.«

Wie ein begossener Pudel trat Onkel Kurt vor die Tür – nichts mehr war übrig von seiner Großspurigkeit.

»Zu mir hast du gesagt, ihr hättet es auf der Straße gefunden.« Der Blick meiner Großmutter war vernichtend.

»Haben wir ja, wir konnten doch nicht wissen, dass es falsch ist«, versuchte sich der Onkel herauszureden.

Die Angelegenheit wurde nicht ganz geklärt, denn nie war aus dem Kurt herauszubringen, woher das falsche Geld wirklich stammte, doch er und seine Freunde taten sich immerhin zusammen und stotterten das Geld bei der Milda ab, womit für die Bäckersfrau die Sache erledigt war.

Mein Onkel blieb ein Leben lang ein Leichtfuß und ein Geschäftemacher. Es lag ihm wohl im Blut, und irgendwie schaffte er es immer, Fortuna auf seiner Seite zu haben – unter den Nazis und im Krieg ebenso wie später unter den Kommunisten und in den letzten Jahre seines Lebens, als die Mauer fiel, auch in der kapitalistischen Gesellschaft. Er schwamm immer obenauf.

Den Letzten beißen die Hunde

Ich war inzwischen kein kleines Mädchen mehr, sondern elf Jahre alt und beim Jungmädelbund, wie das damals so üblich war. Praktisch alle meine Freundinnen und Schulkameradinnen gingen begeistert dorthin, während die Jungen bei der HJ, der Hitlerjugend, waren.

An einen meiner vielen Spielkameraden erinnere ich mich noch ganz deutlich. Er war nur wenig älter als ich und lebte mit seinen Eltern und einem Bruder in der Wohnung über uns. Seine Mutter, die Heli, war eine entfernte Verwandte von uns. Ich habe den Richard vor allem deshalb nie vergessen, weil er eigentlich eine tragische Figur war. Er starb sehr früh, mit siebzehn oder achtzehn Jahren. Dabei wollte er so gerne leben, wollte so gerne sein wie die anderen – so stark, so beliebt, so erfolgreich. »Hart wie Kruppstahl, flink wie Windhunde und zäh wie Leder«, so wünschte Hitler sich seine Jugend. Richard war nichts von alledem. Sein kurzes Leben war nicht schön – er musste immer für alles herhalten, für alles geradestehen. Er war ein armer Tropf, und die anderen Kinder hänselten ihn. Daran konnte auch ich nichts ändern, obwohl ich ihn oft in Schutz zu nehmen versuchte.

Einmal warfen wir beim Ballspiel die Fensterscheiben im Nachbarhaus ein und rannten schnell davon.

Richard, der nichts damit zu tun hatte, war zu langsam und wurde erwischt.

Erst verpasste ihm der Nachbar eine Ohrfeige, dann setzte es zu Hause noch eine ordentliche Tracht Prügel vom Vater.

Nicht anders war es, als mein Onkel Kurt ein Motorrad der Marke »Ardi« bekam. Er stellte es in den Schuppen, und kaum, dass er weg war, machten wir Kinder uns daran zu schaffen. Richard war zwar dabei, doch er stand abseits und schaute unserem Treiben nur zu. Schließlich geschah, was passieren musste: Bernds Emil, ein großer, stämmiger Kerl, sprang auf das Motorrad und warf es um. Obwohl Benzin auslief, dachten wir nicht im Traum daran, das Rad aufzurichten, sondern machten uns aus dem Staub. Nur Richard blieb ratlos zurück. Als auch er endlich davonrennen wollte, war es zu spät, denn mein Onkel bog soeben um die Ecke.

»Halt! Hier geblieben, Bürschchen«, sagte er und packte den armen Richard am Ärmel. »Warst du das?« Er blickte dabei abwechselnd auf das Motorrad und dann wieder auf den Jungen. Bis auf das ausgelaufene Benzin war nichts passiert. Seine »Ardi« hatte keine einzige Schramme davongetragen, obwohl Onkel Kurt angestrengt danach suchte.

Schließlich meinte er, einen winzigen Kratzer gefunden zu haben.

»Das wird bezahlt«, wandte er sich drohend an Richard, der noch immer wie angewurzelt dastand und sich nicht zu rühren wagte.

»Ich war das nicht«, stotterte er schließlich mit verzweifelter Stimme. »Es waren die anderen.«

»Welche anderen?« Mein Onkel sah sich mit einem ironischen Blick um. »Ich sehe keinen Menschen außer dir.«

»Weil sie abgehauen sind.« Richard begann leise zu weinen.

»Du kannst mir viel erzählen, wenn der Tag lang ist. Die Schramme wird bezahlt und das ausgelaufene Benzin auch. Ich werde gleich mit deinen Eltern reden.«

Jetzt erst rannte Richard davon, um Onkel Kurt zuvorzukommen und die Sache daheim richtigzustellen, aber offenbar glaubte ihm niemand.

»Er hat sich also an deinem neuen Motorrad zu schaffen gemacht«, erwiderte die Heli zerknirscht. »Ist es denn kaputt?«

»Nein, aber umgeschmissen hat er es, und das ganze teure Benzin ist ausgelaufen. Kannst du mir jetzt bitte sagen, wie ich nach Zittau kommen soll? Schließlich wartet meine Braut schon auf mich.« Onkel Kurt warf der Heli einen herausfordernden Blick zu. »Und ihr müsst für den Schaden aufkommen.«

In diesem Moment kam Richards Vater Walter hinzu, der sich ausnahmsweise einmal für seinen Sohn einsetzte. »Er sagt, er hat nichts damit zu tun. Der Emil hätte sich draufgesetzt, und da wäre das Motorrad umgekippt.«

»Das kann jeder erzählen.« Onkel Kurt war richtig in Fahrt und wollte so schnell nicht nachgeben. »Als ich hinkam, habe ich nur den Richard gesehen, und das schlechte Gewissen stand ihm ins Gesicht geschrieben.«

»Dann sag mir, was das Benzin gekostet hat, und ich erstatte es dir«, bot Richards Vater an.

»Mit dem Benzin allein ist es nicht getan«, antwortete Onkel Kurt, der nun Geld herausschinden wollte.

Ich saß unten im Flur und hörte jedes Wort, aber ich traute mich nicht, die Wahrheit zu sagen. Dass wieder einmal alles an Richard hängen blieb, daran dachte ich nicht.

»Ich möchte überhaupt mal wissen, woher du das Geld für so ein teures Motorrad hast«, ging nun der Walter zum Angriff über. »Von dem bisschen Geld, das du beim Arbeitsdienst bekommst, kannst du dir so etwas wohl kaum leisten. Es wäre wirklich hochinteressant, der Sache nachzugehen«, drohte er.

»Das geht dich einen feuchten Kehricht an«, hörte ich Kurt schreien, doch die argwöhnischen Bemerkungen schienen nicht ohne Wirkung zu bleiben, denn mein Onkel machte auf dem Absatz kehrt und kam fluchend die Treppe herunter, woraufhin ich schnell im Keller verschwand. Als die Luft wieder rein war, lief ich in den Garten und erzählte den anderen vom Ausgang der Geschichte. An Richard dachten wir dabei nicht.

Noch ein andere Begebenheit ist mir in Erinnerung geblieben, die sich etwa zur gleichen Zeit abspielte. Es war ein wunderschöner Maitag, und für uns schien das Leben schön wie nie.

Ich wollte Richard zu einer Kundgebung der Hitlerjugend abholen. Blitzsauber stand ich vor seiner Tür mit langen, dunkelblonden Zöpfen, schneeweißer Bluse und braunem Rock, mit Kniestrümpfen und blank geputzten Lackschuhen.

»Ich darf nicht mit«, weinte Richard, als er mir öffnete. Die Tränen liefen in Strömen seine sommersprossigen Wangen herunter – er wischte mit dem Ärmel seiner Strickjacke darüber.

»Warum darfst du denn nicht? Du musst doch!«, sagte ich mit heftiger Stimme. »Es ist Pflicht, hinzugehen!« Da kam die Heli zur Tür. »Er hat die neue Vase zerbrochen. Zur Strafe darf er nicht zur Parade«, sagte sie streng, und ich merkte, dass alles Zureden und Bitten nichts nutzte.

»Er wird Schwierigkeiten bekommen«, wagte ich noch einzuwenden.

»Das muss er dann selbst ausbaden«, sagte Heli hart und ging zurück in die Küche. Auch ich dachte nur daran, wie ungeschickt Richard sich wieder einmal angestellt hatte, und sprang ohne ihn leichtfüßig die Treppe hinunter.

»Dieser Dummkopf«, sagte ich zu meiner Freundin Ilse, die unten auf mich wartete, und erzählte ihr ohne jedes Mitgefühl für Richard die Geschichte.

Aus allen Straßen strömten jetzt Kinder herbei, und gemeinsam marschierten wir zur Kundgebung. Die Sonne des Tausendjährigen Reiches hatte noch nie so hell für mich gestrahlt. Musik und Paraden, Sport, Spiele und Zeltlager – das Leben hätte für uns nicht schöner sein können. Ich war glücklich, dazuzugehören, war stolz und hochmütig, ohne zu wissen warum. Ich wusste nur, dass ich nicht schwach war wie Richard, sondern stark, wie ein deutsches Mädel sein sollte. Und der Junge mit den festen Waden, der vor mir ging, war auch stark.

So war es richtig, so musste es sein. Nur nicht schwach sein, das war schändlich. Ich ahnte nicht, wie unsagbar schwach und elend ich mich in wenigen

Jahren fühlen würde. Wir beteten diese Zeit an, ohne zu ahnen, dass sie uns vergiftete und uns vernichten würde. So marschierten wir sorglos in den Abgrund.

Richard war der Erste von uns, den es traf. Auch er betete diese Zeit an, obwohl er nicht für sie geschaffen war, denn sie war darauf bedacht, die Schwachen auszusondern. Offenbar hatte Richard sich beweisen wollen und sich freiwillig zum Reichsarbeitsdienst nach Südfrankreich gemeldet, nachdem deutsche Truppen auch in den bis dahin unbesetzten Teil Frankreichs eingedrungen waren. Je mehr der Krieg fortschritt und je mehr Fronten es gab, desto öfter wurden Jungen gleich zum Arbeitsdienst in Kampfgebiete geschickt, um Wälle aufzuschütten, Gräben auszuheben und nach der sechsmonatigen Ausbildungszeit die kämpfenden Truppen zu unterstützen. Richard war sechzehn Jahre alt, als er sich für einen solchen Einsatz meldete. Vielleicht hatte er als Held heimkehren wollen und gehofft, es allen beweisen zu können, was wirklich in ihm steckte.

Als Heli mir später berichtete, wie ihr Sohn ums Leben kam, standen Tränen in ihren Augen. »Alle sind sie bei dem Angriff in Deckung gegangen, nur der dumme Kerl nicht.« Sie begann herzzerreißend zu weinen um den Sohn, der immer der Prügelknabe gewesen war und den sie meist wenig nett behandelt hatte.

Nie hatte er Glück gehabt, dieser Richard. Immer wollte er alles richtig machen, und immer war alles falsch gewesen – selbst in seiner letzten Stunde hatte sich das nicht geändert. Es gab und gibt immer solche Richards und wird sie immer geben. Mein Richard aber lebte in einer Zeit, die besonders grausam war zu all jenen, die nicht dazugehörten.

Die Kehrseite des schönen Scheins

Auch wenn wir es nicht wahrhaben wollten, so beschlich selbst uns in unserer Verblendung manchmal eine Ahnung, dass diese herrliche neue Zeit vielleicht doch nicht so herrlich war – zumindest nicht für alle.

Die alten christlichen Tugenden wie Mitgefühl und Barmherzigkeit zählten jetzt nicht mehr und waren ersetzt worden durch das Recht des Stärkeren, und das war der deutsche Herrenmensch. Da war kein Platz mehr für Schwache und Kranke, für Andersdenkende und Benachteiligte. Die Zukunft sollte nur denen gehören, die im Gleichschritt marschierten, wie wir bereits als Kinder lernten.

In der Schule und bei den Treffen der nationalsozialistischen Jugendorganisationen wurde uns die Überzeugung von der Überlegenheit der arischen Rasse eingeimpft – früher hatten wir einen Rassebegriff nur in Verbindung mit Tieren gekannt, aber jetzt diente er dazu, all jene auszugrenzen, die nicht den Vorzug hatten, eine lupenreine arische Vergangenheit nachweisen zu können. Sie wurden als »Schädlinge« und »Schmarotzer« am »gesunden deutschen Volkskörper« diffamiert, und ganz offen sprach man von »Ausmerzung«. Nach Beginn des Krieges wurde dieses Vokabular der Unmenschlichkeit noch erweitert durch »slawische Untermenschen«.

Und dass die Juden unser Unglück seien, war ein so geläufiger Satz geworden, dass wir Heranwachsenden ihn völlig kritiklos akzeptierten. Wir wussten auch vage von den Nürnberger Rassegesetzen, welche die Entrechtung und Enteignung der jüdischen Bevölkerung sowie Arbeitsverbote legalisierten, hautnah bekamen wir solche Maßnahmen in unserem Dorf jedoch nicht mit.

Aber andere Dinge geschahen in unserer ländlichen Abgeschiedenheit, die uns hätten nachdenklich stimmen sollen. Sie hatten zu tun mit den Zigeunern und dem armen Seff.

Ich weiß nicht mehr genau, in welchem Jahr es passierte, es muss um die Mitte der dreißiger Jahre gewesen sein, als die Zigeuner, die sonst alljährlich in unserem Dorf ihr Lager aufschlugen, nicht kamen.

Man sollte bei der Wahrheit bleiben: Niemand mochte sie, allen waren sie unheimlich. Ihre Lebensweise ängstigte die braven Bürger, denen diese Menschen zudem als betrügerisch und diebisch galten. Und so hörte man auch in jenem Sommer überall im Dorf den Ruf: »Schnell, nehmt die Wäsche von der Leine.«

Auch ich erhielt diese Anweisung, denn meine Mutter kam gerade aus dem Dorf und wollte dort in Erfahrung gebracht haben, dass die Zigeuner wieder im Anmarsch seien.

»Die Zigeuner?«, fragte ich aufgeregt, denn ich fand dieses bunte, fremdartige Völkchen irgendwie interessant, und meine Trägheit angesichts der Sommerhitze, die mich den ganzen Tag über völlig antriebslos gemacht hatte, schwand augenblicklich dahin. Schon wollte ich zu meiner Freundin Ilse laufen, um ihr die

Neuigkeit zu überbringen, als ich einen bitterbösen Blick meiner Mutter auffing, und so machte ich mich widerwillig auf zu der großen Wiese hinter dem Gemüsegarten, wo an langen Leinen die Wäsche in der glühenden Sonne trocknete.

Aufgeregt und ständig zur Landstraße spähend, nahm ich Betttücher, Kissenbezüge, Handtücher und weiß der Himmel was ab und packte alles in einen großen Korb.

Aber die Zigeuner kamen nicht – die ganze Aufregung war umsonst gewesen.

»Hast du die Zigeuner denn gesehen?«, fragte ich am Abend meine Mutter.

»Nein«, antwortete sie, während sie in einem neuen Schnittmusterheft blätterte. »Aber ich habe die Krause Martha im Dorf getroffen. Sie kam gerade vom Zug und erzählte mir, dass sie sie vom Fenster aus auf der Landstraße hinter Bautzen gesehen hätte.«

»Sind die Zigeuner böse Leute?«

»Nein, nur unordentlich und faul. Und sie klauen eben die Wäsche von der Leine«, antwortete meine Mutter zerstreut und brütete weiter über ihrem Schnittmuster.

»Ich habe mir mal von einer Zigeunerin, als ich noch eine ganz junge Frau war, aus der Hand lesen lassen«, schaltete sich meine Großmutter schmunzelnd ein, die am Herd stand und Marmelade einkochte.

»Und hat sie dir die Zukunft richtig vorausgesagt?«, fragte ich gespannt.

»Ja, das hat sie«, lachte meine Großmutter. »Aber es war nicht schwer zu erraten, dass ich einmal deinen Großvater heiraten würde.«

»Wenn sie heute nicht kommen, dann bestimmt morgen«, freute ich mich und malte mir schon aus, wie ich sie mit meiner Freundin Ilse beobachten würde, wenn sie im Wald kampierten und ihre Lieder sangen – das war letztes Jahr für mich ein faszinierendes Erlebnis gewesen. Als einer der Zigeuner uns entdeckt hatte, waren wir jedoch so schnell wie möglich davongerannt.

Ich war ganz aufgeregt und spielte mit dem Gedanken, mir auch von einer Zigeunerin aus der Hand lesen zu lassen, denn ich wollte unbedingt wissen, ob ich einmal den Karl heiraten würde, der gerade mein großer Schwarm war.

Doch obwohl die Krause Martha nach wie vor steif und fest behauptete, dass sie die Sippe vom Zugfenster aus gesehen hätte, kamen die Zigeuner nicht – weder am nächsten Tag noch im nächsten Jahr. Sie kamen nie mehr, und keiner im Dorf wusste, wo sie geblieben waren. Vielleicht waren alle sogar froh darüber.

Weil niemand sie mochte und niemand sie vermisste, hatten die Nazis leichtes Spiel gehabt: Sie hatten diese Menschen, die per Gesetz zu »Artfremden« deklariert wurden, ohne Widerstand in Lager einweisen, zwangsweise sterilisieren und zu medizinischen Versuchen missbrauchen können. Später wurden sie in die Vernichtungslager deportiert.

Mehr Protest gab es bei einer anderen Mordaktion der Nazis – der Tötung geistig behinderter Menschen durch Gas, die unter dem Namen »Euthanasie« bekannt wurde. Hier erhoben sich massive Einwände vor allem seitens der Kirchen und der Leiter der kirchlich geführten Anstalten, sodass die Aktion schließlich eingestellt wurde. Aber für etwa hunderttausend Opfer war es zu spät – auch für den Seff vom Henschelbauern.

»Bring doch bitte das Päckchen zum Henschelbauern«, sagte meine Mutter eines Tages zu mir. »Es ist das neue Kostüm für die Frau Henschel. Sie braucht es morgen, wenn die Berta Konfirmation hat.«

Zum Bauern Henschel war es ein weiter Weg, aber ich konnte mir Zeit lassen. Am Morgen hatte es noch geregnet, doch jetzt verschwand langsam das Grau, der Himmel tat sich auf, zeigte blaue Stellen. Wie Perlen schimmerten die Regentropfen an den Bäumen. Der mit Sandsteinen gepflasterte Weg führte durch Felder und Wiesen. Als ich auf dem Hof ankam, empfing mich eine seltsame Stille, wie ich sie dort nie zuvor erlebt hatte. Vor allen Dingen vermisste ich den Seff, der immer auf der Bank vor dem Haus saß, wenn ich kam. Ich wusste nicht, wie alt er war, er schien irgendwie alterslos, doch er war bestimmt nicht mehr jung, weil er nicht mehr wie früher auf dem Hof mit anpacken konnte. Und so hatte er die letzten Jahre nur noch Sommer wie Winter auf seiner Bank gesessen und vor sich hingeschaut. Wenn er sich ärgerte, schimpfte er laut, wenn er sich freute, verzog sich sein Mund zu einem breiten, schiefen Grinsen, und dabei schlenkerte er seine langen, dünnen Arme durch die Luft.

Doch heute saß der Seff nicht auf seinem Platz. Ich betrat den großen, dunklen Hausflur und verspürte auch dort diese ungewöhnliche Stille. Weil ich dachte, dass niemand zu Hause sei, wollte ich das Paket einfach in die Küche legen, aber dort fand ich sie alle um den großen, runden Tisch herum sitzen: die Bauersleute mit ihren drei Kindern, die Magd und den Knecht. Sie sprachen kein Wort und starrten mich nur an, als ich die Küche betrat. Die Sache begann mehr und mehr unheimlich zu werden. Endlich schaute mich die Bäuerin an. »Du bringst wohl das Kostüm?«, fragte sie.

Ich atmete auf und reichte ihr das Paket, das sie achtlos zur Seite legte. Normalerweise war sie sonst neugierig auf das Resultat und riss gleich die Verpackung auf.

»Da ist die Rechnung«, sagte ich kleinlaut, denn ich spürte, dass heute irgendetwas nicht stimmte.

Die Bäuerin ging zum Schrank und gab mir das Geld. Ich hatte nur den einen Wunsch, den Hof so schnell wie möglich zu verlassen, während ich früher immer eine Weile geblieben und in den Stall oder auf die Weide zu den Pferden gegangen war, oder ich hatte auf dem Heuboden mit den Henschelkindern noch ein wenig gespielt.

»Wo ist denn der Seff?«, wagte ich schließlich die Bäuerin zu fragen, als sie mich nach draußen begleitete.

»Man hat ihn vorige Woche abgeholt«, sagte sie mit tonloser Stimme. »Sie wollten ihn angeblich untersuchen, weil er doch nicht richtig im Kopf ist. Aber heute haben wir erfahren, dass er tot ist. Er hätte diese Untersuchung nicht überlebt, heißt es in dem Schreiben. Dabei war er bis auf seinen Kopf kerngesund. Uns kommt das alles so merkwürdig vor, schon dass man ihn überhaupt abgeholt hat und wir das nicht verhindern konnten. Ja, der Seff ist tot – daran müssen wir uns erst gewöhnen.« Die Bäuerin wischte sich eine Träne aus dem Augenwinkel.

Ich nickte nur, und mir war auf dem Heimweg recht seltsam zumute. Etwas Unheilvolles schien in der Luft zu liegen, doch noch immer waren wir blind für die Dinge, die in Nazideutschland vorgingen, und wir schlossen auch die Augen vor der Tatsache, dass wir dank Hitler zielstrebig auf einen neuen Krieg zusteuerten, wie mein scharfsichtiger Großvater, der wilde Heinrich, es immer prophezeit hatte. Wären doch mehr Menschen so weitsichtig gewesen wie er!

Kinderlandverschickung

Immer häufiger wurde jetzt darüber spekuliert, ob es Krieg geben würde, denn Hitler hatte dem Ausland gegenüber endgültig die Maske fallen lassen und sein wahres Gesicht gezeigt. Im Frühjahr 1938 hatte er Österreich annektiert, ein halbes Jahr später die Abtretung des Sudetenlandes von der Tschechoslowakei gefordert und im März 1939 den gesamten Staat zerschlagen und in Prag das deutsche Reichsprotektorat Böhmen und Mähren errichtet. Alles unter fadenscheinigen Vorwänden, wobei das Ausland tatenlos zuschaute und auf diese Weise die Expansionsgelüste des Diktators steigerte.

Es gab nicht wenige, auch in unserem Dorf, die überzeugt waren, Hitler könnte und sollte sich noch viel mehr herausnehmen – schließlich brauche das überlegene deutsche Volk Lebensraum, der nun einmal im Osten liege. Kaum jemand bezweifelte die Rechtmäßigkeit all dieser Übergriffe, und so wurde in den Sommermonaten des Jahres 1939 an den Stammtischen der Wirtshäuser auch kaum kontrovers diskutiert, sondern man überbot sich in Bekundungen der Sympathie für diese Politik und konnte nicht genug bekommen vom erträumten Großdeutschen Reich. Hitler war auf dem Gipfel seiner Popularität. Mich interessierte Politik mit meinen zwölf Jahren herzlich wenig, denn für mich stand in diesem Sommer etwas ganz anderes im Vordergrund – meine erste Reise. In diesem Sommer durfte ich im Zuge der von der NS-Frauenschaft organisierten Kinderlandverschickung für vier Wochen nach Schkeuditz bei Leipzig fahren. Es war nicht so weit entfernt wie die See oder die Alpen, aber für mich war es eine aufregende Sache, weil ich noch nie richtig verreist war.

Schon Tage vorher konnte ich nicht mehr schlafen. Die Mutter, die ohnehin alle Hände voll zu tun hatte, nähte für mich noch ein weiteres Kleidchen, obwohl ich mehr als genug zum Anziehen hatte. Bis spät in die Nacht saß sie an der Nähmaschine, um es noch bis zum Tag meiner Abreise fertig zu bringen. Es war aus rot-weiß kariertem Leinenstoff mit Puffärmeln und hatte eine weiße Spitzenschürze.

Am Morgen des Reisetages standen wir gegen acht Uhr am Bahnhof. Außer meiner Mutter hatten sich noch viele andere Mütter und Väter eingefunden, die ihre Sprösslinge verabschiedeten. Wir Kinder kletterten gleich in die Waggons und steckten die Köpfe zum Fenster hinaus. Wir lachten und schwatzten und waren vor Aufregung außer Rand und Band. Endlich pfiff der Schaffner, der Zug setzte sich in Bewegung, und ich sah meine Mutter winkend und weinend zurückbleiben.

»Wo kommst denn du hin?«, fragte mich Hanna, eine Schulkameradin von mir und ein ziemlich freches Mädchen.

»Nach Schkeuditz. Das liegt bei Leipzig. Und dahin fahren wir auch einmal, das haben mir meine Gasteltern versprochen. Sie haben mir nämlich schon einen

Brief geschrieben und angekündigt, was sie alles mit mir unternehmen werden.«

»Das ist ja gar nichts! Bloß bis Leipzig! Da hättest du ja gleich zu Hause bleiben können«, spottete sie. »Ich darf viel weiter, bis an die Ostsee. Das ist was!« Sie warf mir einen verächtlichen Blick zu, und ich hätte sie dafür am liebsten erwürgt.

Doch die boshafte Bemerkung konnte nur kurz meine Vorfreude trüben, denn ich vergaß sie schnell wieder, schaute gespannt zum Fenster hinaus und ließ die schöne Landschaft an mir vorübergleiten. Auf den Feldern fing man an, die Ernte einzubringen, auf den Landstraßen sah ich Bauern mit Ochsengespannen ihr Heu einfahren. Dann näherten wir uns Dresden, das in seiner ganzen barocken Pracht vor mir lag. Ich konnte mich von meinem Zugfenster aus gar nicht satt sehen an den Kirchen, Schlössern und Brücken. Ein paar Jahre später würde das alles in einer einzigen Nacht in Schutt und Asche versinken.

Hinter Dresden fuhren wir erst durch weite Landstriche, in denen nichts zu sehen war als Wälder, Felder und Einsamkeit, dann wieder vorbei an kleinen Dörfern, bis schließlich der Zug in den Bahnhof von Leipzig einlief, wo mich meine Gasteltern erwarteten.

Mit dem Auto ging es nach Schkeuditz, wo sie wohnten. Ich war noch nie in einem Auto gefahren und wusste gar nicht, wie mir geschah. Wenn ich das später in der Schule der boshaften Hanna erzählte – die würde Augen machen, dachte ich mir. Ganz sicher war sie nicht in einem Auto abgeholt worden, und bestimmt waren ihre Gasteltern keine so feinen Leute wie die

Deichgräbers – das stand für mich fest, und ich hätte vor Stolz platzen können.

Das Haus, vor dem wir hielten, sah beinahe wie eine Villa aus, auch wenn es nicht in einem Park stand, sondern in einer Reihe dicht aneinander gebauter Häuser mit prachtvollen Fassaden. Vor dem Haus befand sich ein kleiner Blumengarten, der sich zum Spielen kaum eignete, wie ich enttäuscht feststellte. Auch das Innere des Hauses gefiel mir nicht, denn alles schien schwer, düster und erdrückend. Die Möbel waren wuchtig und dunkel, und durch die hohen, schmalen Fenster drang nur wenig Licht. Immerhin konnte ich einen Blick nach draußen werfen und sah einen Garten mit altem, dichtem Baumbestand – ein Lichtblick im wahrsten Sinne des Wortes.

Die Deichgräbers waren freundliche Leute. Ich spürte, dass sie mich mochten, obwohl ich mich den ersten Abend recht einsilbig und verschüchtert gezeigt hatte, was wohl an der für mich erdrückenden Atmosphäre des Hauses lag.

Doch bald legte sich diese Beklemmung, und je mehr Tage vergingen, desto aufgeschlossener wurde ich und plapperte in meinem Oberlausitzer Dialekt munter drauflos, sodass Frau Deichgräber jedes Mal vor Lachen Tränen in die Augen stiegen. Sie saß oft mit mir zusammen und ließ sich von meinem Zuhause, von Mutter und Großmutter, von dem verstorbenen Großvater und dem großspurigen Onkel Kurt erzählen.

Bei den Ausflügen, die wir nach Leipzig oder ins Umland unternahmen, begleitete uns manchmal ihre erwachsene Tochter, die Ilse hieß. Ich war voller Bewunderung für die junge Frau, weil sie so vornehm, schön und gescheit war. Sie wollte mir unbedingt das Schwimmen beibringen, doch obwohl wir einen ganzen Tag lang im Schwimmbad übten, schaffte ich bis zum Abend nicht mehr als drei Züge.

Ein anderes Mal unternahmen wir eine Radtour zu einer romantischen Waldgaststätte, und da das Wetter es an diesem Tag besonders gut mit uns meinte, genoss ich die kühle Limonade im schattigen Wirtsgarten. Am nächsten Tag ging es in einen Cafégarten bei Leipzig, wo Schaukeln für die Kinder aufgestellt waren.

Eine ganz neue Welt erschloss sich mir besonders an dem Tag, an dem Herr Deichgräber mich mitnahm zum Flughafen Leipzig-Halle, dessen Direktor er war. Ich konnte mich gar nicht satt sehen an den startenden und landenden Maschinen. Mitfliegen durfte ich allerdings nicht, aber das wäre wohl auch zu viel des Guten gewesen.

Natürlich fuhren die Deichgräbers ebenfalls mit mir zum Völkerschlachtdenkmal vor den Toren Leipzigs und erzählten mir, dass dieses monumentale Bauwerk zur Erinnerung an den Sieg der Preußen, Österreicher, Schweden und Russen über Napoleon errichtet worden war. In Leipzig selbst besichtigten wir die Thomaskirche und den berühmten »Auerbachs Keller«, in dem schon Goethe gezecht und den er in seinem »Faust« verewigt hatte.

»Willst du hineingehen und mit mir ein Glas Wein trinken?«, neckte mich mein Gastgeber. Ich wehrte entrüstet ab. Da sah ich mir lieber den Umzug an, der sich gerade über den Augustinerplatz bewegte. Vorneweg marschierte die Hitlerjugend mit Hakenkreuzfahnen, dann kamen Männer und Frauen in historischen

Gewändern, Pferdekutschen, Gaukler und Feuerschlucker, dazwischen immer wieder Uniformierte, die für Ordnung sorgten. Ich weiß den Anlass dieses Umzugs nicht, doch an allen Fenstern rund um den großen Platz und entlang der Straßen wehten Hakenkreuzfahnen im Wind.

Ich fragte mich später, als ich älter war, ob die Deichgräbers wohl auch Nationalsozialisten gewesen waren. Zumindest hatte an ihrem Haus eine Hakenkreuzfahne gehangen, aber vermutlich war das mein Gastvater seiner Stellung schuldig.

An den Tagen, an denen wir nichts unternahmen, spielte ich mit zwei Mädchen, die ebenfalls im Zuge der Kinderlandverschickung in der Nachbarschaft einquartiert waren. Wir freundeten uns schnell an und hatten viel Spaß miteinander.

Das eine Mädchen kam aus Hannover, hieß Lilli und war ein Jahr jünger als ich. Sie war ein süßes Ding mit einem glockenhellen Lachen und einer großen Schleife im lockigen, braunen Haar. Die andere, etwas älter als ich, hieß Irmgard und wohnte in Köln. Sie war nicht gerade eine Schönheit mit ihrer langen Nase und dem dünnen Haar, das zu einem unvorteilhaften Zopf geflochten war. Doch sie war gutmütig und nahm uns nie etwas übel, wenn wir gelegentlich wenig nette Späße mit ihr trieben, weil sie etwas begriffsstutzig war. Zu Hause erzählte ich dann von den beiden Mädchen als die süße Lilli und Irmgard, der »doofen Nuss«.

Noch lange zehrte ich von den vielen Eindrücken, die ich während dieses Monats gewonnen hatte. Als ich zwei Wochen nach meiner Heimreise von Ilse Deichgräber ein silberfarbenes Fotoalbum geschickt bekam, das meinen Ferienaufenthalt in vielen Bildern und versehen mit ausführlichen Kommentaren dokumentierte, ließ ich die Zeit bei den Deichgräbers noch einmal Revue passieren. Das Album besitze ich noch heute, aber die Familie habe ich nie mehr wiedergesehen.

Folgenschwerer Größenwahn

Bald jedoch verblassten die schönen Erinnerungen, denn kurz nach meiner Rückkehr brach wirklich der Krieg aus. Diesmal hatten die Engländer nicht weggeschaut, als die deutsche Wehrmacht Polen überfiel. Es war das erste Anzeichen, dass Hitler sich vielleicht doch verkalkuliert hatte in seinem Größenwahn.

Onkel Kurt wurde eingezogen. Er war in Polen dabei und im Jahr darauf beim Westfeldzug, der mit der Besetzung der nördlichen Hälfte Frankreichs sowie der Länder Belgien, Holland und Luxemburg endete. Man war stolz auf diese Blitzkriege, und ganz Deutschland befand sich im Siegesrausch. Mein Onkel schickte aus Paris allerlei kostbare Dinge vor allem an seine zukünftige Frau – so viel Luxus und Eleganz hatte ich nie zuvor gesehen.

Als er ein paar Tage vor Weihnachten 1940 heiratete, brachte er auch Gutes für die Festtafel mit, obwohl Hochzeiten bei uns nicht so groß gefeiert wurden, wie ich es später in Bayern erlebte, also nicht in einem riesigen Festsaal mit Musikkapelle und Tanz. Meist fand die Feier in kleinem Kreis in der eigenen Wohnung statt, überwiegend in der Küche, weil dies der größte Raum war.

Man räumte die Möbel – so gut es ging – aus und schaffte Platz für möglichst viele Tische und Stühle, damit die Verwandten, Freunde und Nachbarn anständig bewirtet werden konnten.

Schon Tage vorher wurde alles vorbereitet, und mehrere unserer Stallhasen mussten unter dem Protestgeschrei der Kinder aus der Siedlung ihr Leben lassen. Außer den Kaninchen gab es zu diesem festlichen Anlass auch noch Schweinefleisch, das die Großmutter zusammen mit dem Kaninchenfleisch zu einem Ragout verarbeitete, denn sie fand, dass erst das Schweinearoma der Soße den richtigen Geschmack gebe.

Zudem wurden Berge von Kuchen gebacken, und ich habe nie mehr in meinem Leben so gute Blechkuchen gegessen wie damals bei Onkel Kurts Hochzeit: diese Eierschecke, dieser Butter- und Streuselkuchen sowie die köstlichen Mohnbuchteln bleiben mir unvergesslich! Noch fehlte es also an nichts in diesem Winter 1940.

Zur Hochzeit wollte ich meinem Onkel einen Spiegel schenken, den ich mir mühsam vom Munde abgespart hatte. Das ganze Jahr über hatte ich dafür gearbeitet, im Frühjahr beim Erdbeerpflücken geholfen und im Herbst beim Kartoffelklauben. Als ich endlich das Geld beisammen hatte, ging ich zum kleinen Warenhaus unseres Ortes, um den schönen Spiegel, den ich schon Wochen vorher ausgesucht hatte, abzuholen. Es war stürmisch und kalt an diesem Nachmittag. Die Straßen waren glatt, und der Wind peitschte mir Schneeflocken ins Gesicht, sodass ich kaum etwas sehen konnte. So kam, was letztlich kommen musste: Ich rutschte aus, und der Spiegel zerbrach in tausend Scherben. Onkel Kurts Hochzeitsgeschenk war dahin und all die Arbeit umsonst – ich hätte heulen können!

Onkel Kurt aber lachte nur, als ich ihm von meinem Missgeschick erzählte.

Nach diesem Heimaturlaub anlässlich seiner Heirat kehrte mein Onkel nicht nach Frankreich zurück, sondern wurde für einige Monate im benachbarten Böhmen stationiert, bevor er nach Jugoslawien abkommandiert wurde, denn auch auf dem Balkan hatte Hitler einen Krieg vom Zaun gebrochen. Aus Prag brachte mir Onkel Kurt einmal ein Paar knallrote Lackschuhe mit. Voll Freude fiel ich ihm um den Hals, weil sie mir so gut gefielen und so gut passten. »Wo hast du die denn her?«, fragte ich ihn begeistert. »Stell dir vor«, antwortete der Onkel mit einem verschmitzten Lächeln, »die Schuhe haben geschrien: ›Lieber Schmidt, nimm mich mit!‹« Da musste sogar die Großmutter lachen, die sich ansonsten sorgenvoll den Kopf zerbrach, wie ihr Sohn an all die vielen schönen Sachen herankam – von seinem Sold allein war das kaum möglich.

Onkel Kurt war eben ein Lebens- und Überlebenskünstler, der sich aufs Organisieren verstand. Nur einmal habe ich ihn völlig fassungslos erlebt: Das war im Juni 1941, und er war wieder einmal für ein paar Tage zu Besuch aus Prag gekommen. Ich kann mich noch ganz deutlich daran erinnern, wie er auf dem Sofa lag. Der Volksempfänger war eingeschaltet, und leise Schlagermusik tönte aus dem Lautsprecher. Großmutter stand am Herd und spülte das Geschirr, und ich brütete über einer schwierigen Rechenaufgabe, als die Musik plötzlich verstummte und ein Nachrichtensprecher verkündete, dass die deutsche Wehrmacht in die Sowjetunion einmarschiert sei.

Wie von der Tarantel gestochen, fuhr Onkel Kurt hoch. »Nein!«, rief er aus. »Das darf nicht wahr sein! Ist der Führer denn wahnsinnig geworden! Was ist denn mit dem Nichtangriffspakt, den er mit Stalin geschlossen hat?« Nach diesem Gefühlsausbruch sprach er nicht mehr viel an diesem Tag, aber er, der bislang ein glühender Verfechter nationalsozialistischer Politik gewesen war, wirkte mit einem Mal sehr nachdenklich.

Deutschland führte nun Krieg mit ganz Europa, doch weil die Wehrmacht zunächst weiterhin an allen Fronten siegte, beruhigte man sich bald trotz des Einmarschs in die Sowjetunion.

Unserer Familie ging es so gut wie nie zuvor. Meine Mutter arbeitete seit einiger Zeit nicht mehr zu Hause, sondern in der Fabrik, wo sie sich schnell von einer Näherin zur Sekretärin hochgearbeitet hatte. Sie war sehr stolz darauf, weil sie das allein durch ihren Fleiß und nicht durch das richtige Parteibuch geschafft hatte. Jetzt sollte sie auch noch mit der Freizeitorganisation »Kraft durch Freude«, kurz KdF genannt, ins Rheinland fahren – in den ersten und letzten Urlaub ihres Lebens. Es war für sie also eine gute Zeit. Die Nazipropaganda funktionierte vorzüglich, und sogar meine Mutter konnte nicht umhin, die Wohltaten dieses Staates zu preisen. Wenn diese Begeisterung auch schnell wieder abflaute, sollte sie von der Fahrt an den Rhein ihr Leben lang schwärmen.

Auch der Vater meiner frechen Schulkameradin Hanna, der noch vor einigen Jahren gegen den »böhmischen Gefreiten« gewettert hatte, war nun zufrieden, stand doch seit einiger Zeit ein funkelnagelneuer

Volkswagen in seinem Schuppen. Und so wie ihm ging es den meisten in unserem Dorf.

Nur der Vater meiner Freundin Ilse wurde immer stiller und zog sich mehr und mehr zurück. Selten sah man ihn noch auf der Straße, und als er schließlich auch noch seine Arbeit verlor, ging es vollends mit ihm bergab. Er begann zu trinken und stürzte damit die Familie endgültig ins Unglück.

Es waren ausgerechnet meine beiden »jungfräulichen« Tanten Martha und Elsa, die den Weber Paul im Wald fanden. Sie waren gerade dabei, Pilze zu sammeln, als sie einen Mann an einem Ast baumeln sahen. Sie waren so entsetzt, dass sie es nicht wagten, näher hinzugehen, doch sie waren sich sicher, dass es sich bei dem Toten nur um den Weber Paul handeln konnte.

Aufgeregt stürzten sie zu uns in die Wohnung, um von ihrer grausigen Entdeckung zu berichten. Es ging schon auf den Abend zu, die Großmutter und ich waren daheim, nur die Mutter war noch in der Firma und machte wieder einmal Überstunden.

»Der Weber Paul hat sich aufgehängt!«, rief die korpulente Martha aufgeregt. Die magere Tante Elsa stand hinter ihr, kreidebleich im Gesicht, und nickte heftig. »Wir waren gerade Pilze sammeln. Ich habe ihn entdeckt und gleich die Elsa gerufen, die weiter weg von der Stelle suchte.«

»Seid ihr denn auch ganz nah an den Baum herangegangen?«, fragte die Großmutter stockend.

»Ganz nahe nicht«, gab die Elsa zu. »Wir haben uns ja so erschrocken!«

»Vielleicht habt ihr euch getäuscht«, wandte die Großmutter ein.

»Zumindest hängt da einer«, sagte die Martha resolut. »Ich bin mir aber ziemlich sicher, dass es der Weber Paul ist. Ich kenn ihn doch!«

»Auf jeden Fall müsst ihr es sofort der Polizei melden«, meinte meine Großmutter. Obwohl auch sie ziemlich erschüttert war, behielt sie doch einen kühlen Kopf. Ich dachte in diesem Moment nur an meine Freundin Ilse, die jetzt den Vater verloren hatte.

»Er ist es ganz bestimmt«, jammerte die Elsa, die sich auf einen Stuhl setzte, jedoch gleich wieder aufstand, um in der Küche unruhig hin und her zu gehen.

In diesem Augenblick kam die Heli die Treppe heruntergelaufen, wie immer, wenn sie bei uns unten Besuch vermutete.

»Was ist denn los?«, fragte sie, als sie in die verstörten Gesichter der beiden alten Tanten sah. »Ist etwas passiert?«

»Der Weber Paul – er hat sich im Wald erhängt. Wir haben ihn gefunden«, stotterte die Elsa.

»Den Kommunisten-Paul?« Die Heli zeigte sich erheblich weniger erschüttert als wir anderen. Es war wohl eher Sensationslust, die in ihren Augen stand. Es gab in dieser bewegten Zeit so viele Sensationen im negativen Sinne, dass manche Menschen schon regelrecht abstumpften.

»Na, jetzt geht schon zur Polizei und führt sie zu der Stelle, wo er hängt!«, forderte die Großmutter ihre beiden Schwestern ungeduldig auf.

»Mein Gott, ich war mein Leben lang noch auf keiner Polizeistation«, jammerte die Elsa.

»Einmal ist es immer das erste Mal«, erwiderte die Großmutter trocken. »Ich kann es immer noch nicht glauben: Der Weber Paul! Hoffentlich habt ihr euch getäuscht.«

»Ich glaube nicht, dass ihr euch getäuscht habt«, meinte die Heli zu den Tanten. »Er ist ja in den letzten Monaten ganz heruntergekommen, seit er seine Arbeit als Werksmeister verloren hat.« Sie wandte sich zum Gehen, steckte dann aber noch einmal den Kopf zur Tür herein, weil ihr noch etwas eingefallen war. »Ehe ich es vergesse: Der Walter hat mir vor einiger Zeit ein Paket mit Olivenöl aus Kreta geschickt. Wie wär's denn morgen Mittag mit frischen Plinsen? Ich lade euch dazu ein.«

»Oh, ja!«, rief ich erfreut aus und vergaß den armen Paul für ein paar Sekunden.

»Ja, wir kommen gern«, lächelte die Großmutter. »Hast ja schon lange keine mehr gemacht. Die Elsa würde sicher auch gern mitessen, aber sie kommt mittags kaum mehr heim. Die Arbeit in der Fabrik wächst ihr noch über den Kopf, seit sie die beiden Buchhalter eingezogen haben.«

»Ich kann sie auch abends machen, dann kann die Elsa mitessen«, schlug die Heli vor. Die Großmutter nickte ihr dankbar zu, und die Nachbarin ging wieder in ihre stille Wohnung hinauf, während die beiden Tanten sich endlich mit schlotternden Knien auf den Weg zur Polizei machten.

Die Schatten werden länger

1942 absolvierte ich wie jedes Mädchen nach der Schulentlassung mein Pflichtjahr, weil man ansonsten keine Berufsausbildung beginnen durfte.

Man wurde entweder in der Landwirtschaft eingesetzt oder bei Familien, die Hilfe im Haushalt brauchten, später auch in kriegswichtigen Betrieben, als immer mehr Männer eingezogen und Arbeitskräfte knapp wurden.

Ich kam in den Haushalt des Kleiderfabrikanten Wagner, wo ich mich um den Haushalt und zwei verzogene Buben im Alter von sieben und acht Jahren kümmern musste.

Leider bekam ich einmal ziemlich großen Ärger, allerdings nicht wegen der unerzogenen Kinder: Ich war bereits ein Vierteljahr in der Familie, und alles lief gut, als die Wagners eines Tages einen Ausflug planten. Am Abend, bevor sie abfuhren, legte mir das Ehepaar noch einmal ans Herz, dass ich mir für den morgigen Tag den Wecker auf halb fünf Uhr in der Frühe stellen sollte, um in der Fabrik, die sich gleich neben dem Wohnhaus befand, den großen Kohleofen anzuheizen, damit es die Arbeiter, wenn sie um sechs Uhr eintrafen, warm hatten.

Ich stellte mir also den Wecker, stand auch auf, doch als ich durch das große, wie ausgestorben wirkende Haus ging, wurde mir plötzlich unheimlich, und dieses Gefühl verstärkte sich noch in der riesigen, menschenleeren Fabrikhalle. Schnell erledigte ich das Anzünden des Ofens, wartete jedoch nicht ab, bis das Feuer richtig brannte. Ich konnte gar nicht schnell genug zurück in mein kleines, behagliches Dachzimmer kommen, und so bemerkte ich nicht, dass das Feuer ausging und die Arbeiter eine Stunde später in eine eiskalte Halle kamen. Natürlich beschwerten sie sich, und ich musste eine ordentliche Standpauke über mich ergehen lassen.

Als ich vor Weihnachten gemeinsam mit einigen anderen Mädchen, die ebenfalls gerade ihr Pflichtjahr absolvierten, ein Theaterstück einstudierte, war der Ärger allerdings bereits lange verraucht.

Wir führten das Märchen »Frau Holle« auf. Ich durfte die Goldmarie spielen und eine Freundin von mir, sie hieß Isolde, die Pechmarie. An meine eigene Rolle und an das, was ich sagen musste, kann ich mich nicht mehr erinnern, aber die Isolde sehe ich noch ganz deutlich vor mir, wie sie sich verschlafen und mit zerzaustem Haar auf der Bühne streckte und reckte und langsam gähnend sprach: »Ohhh, ahhh, es ist sooo schrecklich früüüh. Ich bin die Pechmarie und ausgeschlafen hab ich nie!«

Als mein Pflichtjahr vorbei war, begann ich eine Ausbildung zur Friseuse im nahe gelegenen Neugersdorf. An den Krieg hatten wir uns, auch wenn das schrecklich klingt, irgendwie gewöhnt, was uns vielleicht deshalb ziemlich leichtfiel, weil wir ihn nicht mit allen seinen Konsequenzen direkt mitbekamen.

Natürlich zitterten auch wir um Angehörige und Freunde, die an einer der vielen Fronten in Europa kämpften, und trauerten mit denen, die ohne Nachricht von Männern, Vätern und Söhnen waren oder die bereits die gefürchtete Mitteilung vom »Heldentod für Führer, Volk und Vaterland« erhalten hatten. Auch hörten wir von den furchtbaren Bombenangriffen, unter denen die Menschen in den deutschen Städten seit 1942 zunehmend zu leiden hatten, aber wir erlebten sie nicht selbst. Erst als wir die vor Schreck geweiteten Augen der ausgebombten Frauen und Kinder sahen, die aus den zerstörten Städten aufs Land evakuiert wurden, begannen wir zu ermessen, was es bedeutete, Tag für Tag in Todesfurcht zu verbringen und Nacht für Nacht vor den Bomben in die Luftschutzkeller zu fliehen. Besonders die Kinder waren traumatisiert.

In der Schule mussten die Mädchen nun dicke Socken stricken für die Soldaten in Russland, die nach den ersten schnellen Erfolgen bereits 1941 im russischen Winter steckengeblieben waren. Im Jahr darauf war im Kessel von Stalingrad eine ganze Armee verhungert und erfroren, und jetzt stand ein neuer Winter vor der Tür, und man durfte zweifeln, ob es noch mit warmen Socken getan war.

Neben den vagen Informationen über militärische Misserfolge kursierten gelegentlich schlimme Gerüchte: Von seltsamen Transporten war hinter vorgehaltener Hand die Rede und davon, dass immer mehr Juden, die nicht rechtzeitig das Land verlassen hatten, mit unbekanntem Ziel verschwanden. Natürlich wurde gleichzeitig immer beschwichtigt und herabgespielt, und wir, die wir uns daran gewöhnt hatten, den

Propagandalügen zu glauben, taten es auch diesmal. Sie würden in Arbeitslager geschickt, wo sie es gut hätten, wo es ihnen an nichts fehlte, hieß es.

Solche systemkonformen Beschönigungen gab eines Tages auch eine entfernte Verwandte in unserer Küche von sich, deren Mann eine hohe Position in seinem Ortsverband der NSDAP hatte. Die Emma ließ sich eingehend über den schädlichen Einfluss der Juden aus und dass es richtig sei, sie aus Deutschland wegzuschaffen. Später habe ich mich gefragt, ob sie auch so geredet haben würde, wenn sie gewusst hätte, dass die Endstation für die Juden aus Deutschland und dem ganzen Europa die Vernichtungslager im Osten waren.

Damals allerdings, das muss ich zugeben, war ich kaum erschüttert über die herzlosen Kommentare der Emma, denn zu fest wurzelte in mir die Überzeugung, dass keine Maßnahme, die der Führer anordnete, in irgendeiner Weise falsch sein könnte. Ich war trotz gelegentlich leise nagender Zweifel ideologisch nach wie vor auf Kurs – dafür sorgte schon die Propaganda, die jeden Tag aus dem Rundfunk ertönte.

Wenn die Stimmen von Hitler oder Goebbels erklangen, drehte ich immer ganz laut auf. Meine Mutter und die Großmutter, die beide diese ewigen Hetztiraden nicht mehr ertrugen, drehten das Radio dagegen sogleich wieder leiser und schauten mich vorwurfsvoll an. Sie verstanden nicht, dass für mich der Nationalsozialismus noch nichts an Glanz und Gloria verloren hatte, aber nach wie vor hörte ich die Durchhalteparolen beim »Bund deutscher Mädchen«, zu dessen Veranstaltungen ich regelmäßig ging.

Daran änderten auch die Niederlagen der deutschen Armeen in Russland nichts. Sie wurden, so lange es ging, von der Propaganda gut vertuscht und tauchten in den Frontberichten, wenn überhaupt, nur als Randerscheinungen auf, als kleine Pannen in einem ansonsten heldenhaften und letztlich siegreichen Kampf gegen den Bolschewismus und die unterlegenen Völker des Ostens. Es sollten noch mehr als zwei Jahre vergehen, bis auch mir die Augen aufgingen.

Noch schaute ich weg, als immer mehr Lazarettzüge mit verwundeten Soldaten durch unser Dorf fuhren und die Großmutter immer öfter leise weinend am Tisch saß, den Kopf mit dem grauen Haar in die Hände gestützt. »Nun ist der Josef auch gefallen«, klagte sie einmal. Es war der dritte Neffe, der diesem – wie sie schon lange empfand – unsinnigen Krieg zum Opfer gefallen war. Dann erwischte es den Richard aus unserem Haus, aber besonders nahe ging es der Großmutter, als ihr Schwiegersohn, Ellis Mann, fiel. Meine Cousine Regina war damals erst sieben Jahre alt.

So holte der Krieg am Ende auch unser Dorf mit all seinem Grauen ein.

Die erste große Liebe

1944 klangen die Wehrmachtsberichte im Radio zunehmend weniger optimistisch, auch wenn nach wie vor die Endgültigkeit der Niederlage nicht zugegeben wurde. Überall war die Wehrmacht im Osten, Westen und Süden auf dem Rückzug, und Grund zum Jubeln gab es schon längst nicht mehr. In der Normandie war den Amerikanern und Briten die lange geplante Invasion geglückt, nachdem sie bereits ein Jahr zuvor in Italien gelandet waren. Von allen Seiten nahmen die verbündeten Armeen jetzt das Tausendjährige Reich in die Zange, um ihm ein rasches Ende zu bereiten. Als im Frühsommer dieses schicksalhaften Jahres die Rote Armee eine Großoffensive startete und die deutsche Front durchbrach, war für sie der Weg frei nach Ostpreußen und bald darauf auch zu uns.

Trotzdem wollte ich unverbesserlich treu und dumm und wider alle Vernunft weiter daran glauben, dass sich das Kriegsglück noch einmal einstellen würde, so wie es uns tagtäglich im Radio eingehämmert wurde. Vor allem aber hatte ich gegen Ende des Jahres ganz andere Dinge im Kopf. Ich war verliebt – zum ersten Mal so richtig und mit Herz-Schmerz-Gefühl.

Ich war siebzehn, und er war die große Liebe meines jungen Lebens. Alles vorher war nur Kinderei gewesen. Er hieß Georg, aber alle nannten ihn Schorsch. Ich lernte ihn kennen, als er eines Tages zu uns in den Friseurladen kam, um sich die Haare schneiden zu lassen. Zu dieser Zeit kurierte er gerade eine Verwundung im Lazarett von Neugersdorf aus. Schorsch gehörte einer Jagdfliegerstaffel an und war abgeschossen worden.

Nachdem ich ihm nachmittags die Haare geschnitten hatte, stand er abends wartend vor dem Salon. Ich war außer mir vor Freude, denn der gut aussehende junge Flieger in seiner feschen Uniform hatte mein Herz im Sturm erobert. Es war für mich Liebe auf den ersten Blick, und so war es natürlich äußerst schmeichelhaft, dass er sich ebenfalls für mich zu interessieren schien. Meine Kolleginnen jedenfalls waren blass vor Neid.

»Darf ich dich nach Hause begleiten?«, fragte er und blickte mich mit seinen dunkelbraunen Augen spitzbübisch an.

»Dir scheint es ja schon wieder sehr gut zu gehen«, meinte ich lachend und konnte meine Bewunderung für seine Uniform nur schlecht verhehlen.

»Tut es auch«, meinte er und erzählte mir dann von seinem Abschuss, den er mit relativ leichten Verletzungen überstanden hatte, denn er konnte sich mit dem Fallschirm retten. Da er über deutschem Gebiet abgeschossen worden war, wo inzwischen die Alliierten praktisch die Lufthoheit besaßen, war er nicht in Gefangenschaft geraten, sondern ins nächste Lazarett gekommen.

Nach Hause begleiten konnte er mich nicht, weil ich ja nicht in Neugersdorf wohnte, aber er begleitete mich zum Bahnhof. Schon an diesem ersten Abend, als ich das erste Mal neben ihm ging, wünschte ich mir, der Weg würde nie enden und der Zug nie kommen. Viel zu schnell waren wir am Bahnsteig angelangt.

»Also, dann bis morgen! Ich hole dich wieder ab«, versprach er mir und winkte mir nach, als ich in den Waggon stieg. Ich blickte aus dem Fenster und umfasste ihn mit meinen Blicken, bis seine große, schlanke Gestalt mit den lockigen dunkelbraunen Haaren nur noch als kleiner schwarzer Punkt zu sehen war.

Er wird morgen nicht kommen, sagte ich ständig vor mich hin, denn ich konnte nicht glauben, dass sich so ein attraktiver Mann, der außerdem bestimmt sechs Jahre älter war als ich, für ein unbedeutendes Mädchen wie mich interessierte. Doch am nächsten Tag wartete er nach Ladenschluss erneut vor der Tür, und die folgenden Abende ebenfalls – ich erlebte die Zeit wie im Traum und war im siebten Himmel.

Am folgenden Wochenende unternahmen wir einen Ausflug aufs Land. Obwohl es bereits Anfang November war, meinte das Wetter es gut mit uns, denn es war sonnig und warm. Hand in Hand wanderten wir über die kahlen Felder und die stoppeligen Wiesen, stießen das Herbstlaub mit unseren Füßen vor uns her, lachten und alberten herum oder blickten träumend in den blauen Himmel.

»Dort oben wirst du bald wieder sein.« Ich deutete scherzend mit der Hand zum Himmel hinauf. Aber dann erschrak ich fürchterlich, als ich den Doppelsinn meiner Worte begriff. Mein Herz krampfte sich zusammen. Wie konnte ich nur so unbedacht sein? Ich hoffte inständig, dass dieser dumme Ausspruch kein schlechtes Omen war. Um abzulenken, fragte ich nach den genaueren Umständen seines Abschusses.

»So genau weiß ich das nicht mehr«, entgegnete er. »Es ging alles so schnell. Ich weiß noch, dass ich den Schleudersitz betätigte. An den Moment, als ich auf dem Feld aufschlug, kann ich mich überhaupt nicht erinnern – vermutlich war ich da schon bewusstlos. Ein Bauer fand mich, nahm mich mit auf seinen Hof, und von dort kam ich gleich ins Lazarett. Aber jetzt geht es mir schon wieder recht gut.« Er nahm mich lachend in die Arme.

Später kehrten wir in einem kleinen Gasthof ein. Wir hatten unsere Essensmarken dabei und aßen Schnitzel mit Kartoffelsalat. Außer uns saßen nur wenige Leute in der Gaststube. Da war eine ältere Frau, die ihr Essen kaum anrührte und nur aus dem Fenster starrte, aber es gab viele Menschen zu dieser Zeit, die allen Grund hatten, traurig und verzweifelt zu sein. Dann kamen noch zwei Pärchen zur Tür hereinspaziert, zwei junge Soldaten und ihre Begleiterinnen, die ein bisschen merkwürdig aussahen. Sie waren nicht gerade das, was man sich damals unter »anständigen« Mädchen vorstellte. Und so meinte der Schorsch auch gleich, dass ich zum Glück ganz anders sei als die grell geschminkten Dämchen. »Wenn du so wärst wie die beiden, hätte ich dich gar nicht angeschaut«, sagte er und griff über den Tisch hinweg nach meiner Hand. Ich war sehr glücklich über seine Worte.

Dann brachte die Kellnerin das Essen.

»Meine Mutter macht den Kartoffelsalat ganz anders«, bemerkte er.

»Besser vermutlich«, neckte ich ihn. »Aber erzähl mir doch ein wenig von deiner Familie. Ich weiß nicht einmal, wo genau du herkommst.«

»Aus Oberschlesien. Habe ich das nicht schon gesagt?«

»Nein, ich weiß nur, dass wir von dort unsere Kohle bekommen«, lachte ich.

»Ja, das stimmt, aber wir leben nicht im oberschlesischen Industriegebiet, sondern auf dem Land. Unser Dorf ist von vielen Feldern und Wäldern umgeben. Auf einem Hügel steht eine alte Holzkirche, zu der im Sommer viele Gläubige pilgern.«

»Du etwa auch?«, fragte ich im Scherz.

Doch zu meiner Überraschung schlug er plötzlich einen völlig ernsten Ton an: »Natürlich! Mir ist die Religion sehr wichtig. Ich freue mich schon wieder auf Weihnachten, wenn wir alle in die Christmette gehen. Nicht zu der Holzkirche auf den Berg hinauf, das wäre im Winter bei dem vielen Schnee zu beschwerlich, sondern in unsere schöne große Kirche im Dorf.«

»Gehst du regelmäßig in die Kirche?«

Er warf mir einen fragenden Blick zu. »Freilich. Unsere Gegend ist streng katholisch, und da ist es einfach üblich, dass man zu den Messen geht – jeden Sonntag, wenn ich daheim bin. Aber jetzt im Krieg ist das natürlich nicht möglich.«

»Ich bin evangelisch, da nehmen die meisten das nicht so genau mit dem Kirchgang. Vielleicht sind wir ja wirklich nicht so gute Christen«, meinte ich etwas kleinlaut.

Ich hatte eine eher lasche religiöse Erziehung genossen, und in der Schule war der Religionsunterricht ebenfalls verdrängt worden, weil die Lehrer in erster Linie den Nationalsozialismus und dann erst Gott, wenn überhaupt, anbeteten, und so fühlte ich mich ihm, dem bekennenden und praktizierenden Katholiken gegenüber etwas verunsichert.

»Aber am Heiligen Abend gehe ich mit meiner Großmutter und meiner Mutter auch immer in die Kirche«, sagte ich, um wenigstens ein paar Punkte gutmachen zu können. Schließlich war es mir wichtig, ihm in jeder Beziehung zu gefallen. »Du weißt es ja selbst«, fügte ich entschuldigend hinzu, »wie es seit 1933 in den Schulen gehandhabt wird.«

»Das eine hat mit dem anderen nichts zu tun«, erwiderte er entschieden und versuchte, das Gespräch auf ein anderes Thema zu lenken.

Ich war und blieb allerdings irritiert. Wie passte das zusammen, dass er ein überzeugter Christ und zugleich ein überzeugter Nationalsozialist war? Ich kannte nur ein Entweder-oder. Lag in seiner Haltung nicht ein Widerspruch?

Aber dann hatten wir Besseres mit unserer begrenzten, kostbaren Zeit zu tun, als über Religion zu sprechen. Allerdings blieb es nicht aus, dass an diesem Tag doch noch der Krieg zur Sprache kam.

Der Schorsch glaubte fest an den Endsieg. Er als Flieger interessierte sich natürlich für die von der Propaganda gerade jetzt gepriesenen Wunderwaffen, die eine Wende des Krieges herbeiführen sollten. Begeistert erzählte er, wie sehr er hoffte, vielleicht einmal die berühmte Me 262, den ersten einsatzfähigen Düsenjäger der Welt, fliegen zu dürfen. Er war davon überzeugt, dass Deutschlands Feinde diesem überlegenen Flugzeug nichts entgegenzusetzen hätten. Aber als der Jäger zum Einsatz kam, konnte auch er an der längst bestehenden Luftüberlegenheit der alliierten Bomberverbände nichts mehr ändern, und viele Maschinen wurden bereits am Boden zerstört.

Nicht viel besser verhielt es sich mit den Raketen V1 und V2, den »Vergeltungswaffen«, wie Goebbels sie getauft hatte. Obwohl sie gefürchtet waren und in großer Zahl auf London, Belgien und Nordfrankreich abgefeuert wurden, waren sie nicht kriegsentscheidend, weil ihre Zielgenauigkeit noch völlig unzureichend war. Aber sie forderten Opfer: Etwa zwölftausend Menschen kamen durch ihren Einsatz ums Leben, mindestens genauso viele Häftlinge starben, die in unterirdischen Produktionsstätten mit Hochdruck an der Fertigung der Raketen arbeiten mussten. Und ein Mann erlangte später Weltruhm, der maßgeblich an der Entwicklung dieser Waffen gearbeitet hatte: Wernher von Braun, der spätere Vater der Mondflüge.

An jenem Tag im November 1944 aber lag das alles noch in weiter Ferne. Mein Freund baute auf den Erfolg der deutschen Wundertechnologie, und ich gab ihm recht. Ein braves deutsches Mädchen stellte einfach nicht in Frage, was der Führer sagte. Unser Vertrauen in ihn war ebenso grenzenlos wie unsere Verblendung.

Trotz allem verlebten wir wundervolle Tage, der Schorsch und ich. Es war der schönste November meines Lebens.

Während der Arbeit konnte ich es kaum erwarten, bis es Abend wurde und er wieder vor der Tür stand. Dabei wusste ich nur allzu gut, dass unser Glück bald zu Ende sein würde – vorübergehend wenigstens. Sobald er ganz gesund war, durfte er das Lazarett verlassen und, bevor er zu seiner Staffel zurückkehrte, einen

Heimaturlaub antreten, auf den er sich schon freute, weil er Eltern und Geschwister lange nicht mehr gesehen hatte. So genossen wir jede Minute, die uns noch blieb, mit großer Intensität.

Am Wochenende, das auf unseren Ausflug folgte, nahm ich den Schorsch zum ersten Mal mit nach Hause. Meine Mutter war nicht daheim, aber die Großmutter mühte sich gerade in der Küche damit ab, Feuer zu machen. Obwohl die »Gute Stube« nicht geheizt war, gingen wir zunächst hinüber, weil ich dem Schorsch etwas auf dem Klavier vorspielen wollte. Es war eisig kalt, doch ich spürte die Kälte nicht und spielte erst ein Lied von Schubert und anschließend ein paar flotte Schlagermelodien, zu denen mein Freund lauthals sang: »Liebling, mein Herz lässt dich grüßen« und »Heimat deine Sterne«. Ich bewunderte ihn immer mehr.

Dann rief uns die Großmutter zum Tee.

»Ich habe gar nicht gewusst, dass wir noch Kekse haben«, rief ich erfreut aus, als ich sah, dass sie eine Schüssel mit Gebäck auf den Tisch stellte.

»Ich habe sie versteckt«, antwortete die Großmutter mit einem verschmitzten Lächeln. »Sie stammen aus dem letzten Päckchen, das der Kurt im Sommer geschickt hat.«

»Wo kämpft denn Ihr Sohn?«, wollte der Schorsch sogleich wissen.

Aber die Großmutter zuckte nur müde die mageren Schultern. »Wenn ich das wüsste!«, seufzte sie. »Wir haben schon ein Vierteljahr nichts mehr von ihm gehört. Er war schon überall – in Frankreich, auf dem Balkan und wahrscheinlich auch in Russland. Ach, dieser verdammte Krieg!« Sie wischte sich die feuchten Augen mit dem großen Taschentuch, das stets in ihrer grauen Schürze steckte. Sie war gealtert in den letzten Jahren, und ihr Haar war inzwischen ganz grau, beinahe weiß. Manchmal schien sie sich innerlich zurückzuziehen, doch heute nicht – heute war das anders. Lebhaft beteiligte sie sich am Gespräch, denn der Schorsch schien ihr gut zu gefallen.

»Aus Oberschlesien stammen Sie also«, sagte sie, und betrachtete ihn dabei wohlwollend. »Ja, die Schlesier sind ein bodenständiges Völkchen.« Sie schnäuzte sich.

»Ich war einmal in Patschkau«, erzählte sie lächelnd. »Eine Cousine hat sich dorthin verheiratet, und ich habe sie mal besucht. Ein schöner Ort. Nennt man ihn nicht das ›schlesische Rothenburg‹?«

Bevor der Schorsch antworten konnte, sprang ich auf und lief zum Volksempfänger. »Um halb sieben wird eine Rede von Goebbels übertragen.«

»Ach, ich will das gar nicht hören. Lass das Ding ausgeschaltet!« Großmutters von tiefen Falten durchfurchtes Gesicht verzog sich unwillig. »Ich will nichts mehr wissen von diesem schrecklichen Krieg, den wir ohnehin verlieren.«

»So etwas dürfen Sie nicht sagen!«, fuhr der Schorsch auf. »Wir werden siegen! Ich zumindest werde bis zum letzten Blutstropfen für die Freiheit Deutschlands kämpfen.«

»Welche Freiheit?«, murmelte die Großmutter.

Ich warf ihr einen beschwörenden Blick zu, denn in letzter Zeit schimpfte sie immer öfter über diesen unseligen Krieg und die Nazis, die ihn verursacht hatten.

»Mein Kurt ist jung verheiratet und Vater eines kleinen Jungen«, rechtfertigte sie sich. »Seine Frau ist ganz krank vor Sorge. Sie hat Angst, dass er nicht mehr lebt. Wo soll das alles nur hinführen?«

»Machen Sie sich keine Sorgen. Sicher lebt er noch, sonst hätten Sie schon längst Nachricht bekommen«, meinte der Schorsch mit einem aufmunternden Blick. Er bereute es wohl, dass er die alte Frau so angefahren hatte, denn trotz seines ungebrochenen Glaubens an den Nationalsozialismus war er nicht verbohrt und verstand die Sorgen und Bedenken der anderen.

»Sie sind also in Neugersdorf im Lazarett«, lenkte Großmutter das Gespräch jetzt in unverfänglichere Bahnen.

»Ja, aber nicht mehr lange. Am Mittwoch trete ich meinen Heimaturlaub an, und im Januar geht es dann wieder an die Front.«

Großmutters Augen trübten sich erneut, während sie ihn anschaute. Jede Unterhaltung lief in diesen Zeiten immer auf das gleiche Thema hinaus, schien ihr Blick zu sagen. Dann ließ sie uns allein und ging ins Dorf, um Besorgungen zu machen.

Als sie nach einer halben Stunde zurückkam, hielt sie einen Zettel in der Hand. »Das habe ich auf der Straße gefunden«, sagte sie zu uns und hielt uns das Papier hin. »Das sind Flugblätter. Sie wurden gerade abgeworfen. Da steht, dass der Krieg bald zu Ende ist und dass wir ihn verloren haben.«

In jener Zeit begannen die Amerikaner damit, Flugblätter abzuwerfen, mit denen sie den Deutschen die Augen öffnen wollten, wie es wirklich um sie und ihr glorreiches Reich stand. Doch die Aktionen brachten nicht den gewünschten Erfolg. Statt sich von den nationalsozialistischen Verführern abzuwenden, glaubten die meisten Menschen jetzt noch mehr den Hasstiraden und Lügen des Propagandaministers. So auch der Schorsch, der den Zettel gar nicht erst zur Hand nahm.

»Das dürfen Sie gar nicht lesen, was da steht! Das ist alles nur feindliche Propaganda! Schmeißen Sie den Wisch sofort ins Feuer«, rief er entsetzt aus.

Die Großmutter seufzte wieder. Sie wollte keine Auseinandersetzung mit dem jungen Mann, der – von seinen ideologischen Scheuklappen abgesehen – eigentlich ganz nett war. Außerdem waren ihr solche Parolen von ihrem eigenen Sohn her ja nicht unbekannt, der sich ebenfalls als gläubiger Nazi gebärdet hatte. Verstehen konnte und wollte sie es allerdings nicht. Trotzdem warf sie das Flugblatt um des lieben Friedens willen in den Ofen.

Als ich den Schorsch anschließend zur Bahn brachte, waren alle politischen Diskussionen vergessen, und wir waren nur noch zwei junge, verliebte Leute, die sich nie wieder trennen wollten.

In unserer letzten Woche trafen wir uns auch während meiner Mittagspause. Wir gingen meist einen Hügel hinauf zu einer kleinen Kirche und suchten uns einen sonnigen Platz im Schutz ihrer Mauern, denn inzwischen war es empfindlich kühl geworden, und die Blätter waren längst von den Bäumen gefallen.

Vom Hügel aus konnten wir die ganze Landschaft überblicken – das Dorf, die weiten, braunen Felder und die tiefen, endlosen Wälder, die bis zum Horizont reichten.

»Freust du dich schon auf daheim?«, fragte ich den Schorsch, und mir wurde ganz weh ums Herz.

Er nahm mich zärtlich in den Arm und meinte: »Lieber würde ich noch eine Weile bei dir bleiben, aber meine Eltern und Geschwister wollen auch ein bisschen von mir haben, bevor ich zurück an die Front muss.«

»Wirst du mir so oft wie möglich schreiben?« Ich sah ihm bei dieser Frage fest in die Augen.

»Ja, ganz bestimmt. Das habe ich dir doch versprochen. Gleich, wenn ich daheim bin, bekommst du den ersten Brief«, versprach er und zeigte mir sein strahlendes Lachen.

Lautes Motorengeräusch störte den mittäglichen Frieden, und wir schauten zum Himmel hinauf. »Da, wieder ein Silbervogel!«, rief ich bang und wollte schon in Deckung gehen vor dem feindlichen Jagdbomber. Doch der Schorsch schien keine Angst zu haben. »Die fliegen über uns hinweg Richtung Österreich«, beruhigte er mich.

Er wirkte mit einem Schlag seltsam abwesend, und ich spürte, dass er mit den Gedanken bereits an der Front war. Er schien es nicht erwarten zu können, wieder Einsätze zu fliegen, obwohl man ihn doch gerade erst abgeschossen hatte. Ich konnte das nicht begreifen, und zum ersten Mal verstand ich die Großmutter, die diesem Krieg keinen Sinn mehr abzugewinnen vermochte.

»Wenn ich dich nächstes Jahr besuche, dann fahren wir nach Dresden«, schlug er vor.

»Hoffentlich klappt es«, bemerkte ich mit schwacher Stimme. Der bevorstehende Abschied lag mir schwer auf der Seele. Dann war meine Mittagspause zu Ende – und unser letztes Beisammensein auch. Wir küssten uns zum Abschied, und ich lief schnell den Hügel hinunter. Von der Straße aus blickte ich noch einmal zur Kirche hinauf und sah meinen schneidigen Flieger, der dort auf einer niedrigen Mauer im Sonnenschein saß und mir nachwinkte.

Ich sollte ihn nie mehr wiedersehen.

Schreckliche Gewissheit

Immer mehr Männer fielen nun auch in unserem Dorf, immer mehr Kränze hingen in unserer Kirche.

Schon lange traf kein Päckchen mehr mit Delikatessen aus Frankreich ein und für die Heli kein Olivenöl aus Kreta, denn auch in Griechenland waren die deutschen Truppen auf dem Rückzug, und ihr Mann war nach Russland abkommandiert worden, um dort die geschwächten deutschen Frontlinien zu verstärken. Helis Sohn Helmut hatte nach einem kurzen Heimaturlaub den Marschbefehl Richtung Belgien erhalten, wo er sich an dem sinnlosen und verlustreichen Unternehmen »Ardennenoffensive« beteiligen sollte, von dem Hitler sich die Stabilisierung der Westfront erhoffte und dafür sogar Verbände im Osten abzog.

Obwohl das Scheitern dieses aberwitzigen Plans bereits nach wenigen Tagen erkennbar war, wurden noch Zigtausende junger Soldaten in den Tod geschickt. Später würde man von »Hitlers letztem Aufgebot« sprechen.

An der Heimatfront kam nach und nach das normale Leben zum Erliegen. Es gab keinen Schulunterricht mehr, und in der Leutersdorfer Textilfabrik wurden die Arbeiten eingestellt, vermutlich wegen Materialmangels. Nicht eingestellt wurde jedoch die Rüstungsproduktion – hier arbeiteten bis zum letzten

Tag vor allem Zwangsarbeiter und KZ-Häftlinge für den verordneten Endsieg.

Am 14. Februar 1945 saß ich mit Mutter und Großmutter in der Küche beim Frühstück. Im Herd prasselte ein Feuer, und draußen schneite es leicht. Es war in unserer Gegend kein besonders kalter Winter in diesem Jahr, draußen lag nur eine dünne, matschige Schneeschicht.

An diesem Tag eilte es mir nicht, zur Arbeit zu kommen, denn die Fastnachtszeit war gerade zu Ende, und da würden kaum Kundinnen kommen. Selbst an den tollen Tagen war das Geschäft ziemlich flau gewesen, denn mittlerweile war den Deutschen die Lust am Feiern gründlich vergangen.

Von Westen, Süden und Osten drangen die Truppen der Alliierten immer weiter auf Reichsgebiet vor und nahmen Deutschland in die Zange. Und man hörte, dass sich in Ostpreußen, Pommern und Schlesien Millionen von Menschen auf die Flucht gemacht hatten – viel zu spät, weil lange Zeit das Verlassen der Städte und Dörfer unter Androhung der Todesstrafe verboten worden war. Es wurde eine Katastrophe, denn in Ostpreußen war dieser Winter extrem hart, und Hunderttausende blieben erfroren am Straßenrand liegen.

Großmutter war schon lange der Meinung, dass es mit diesem Hitler und seinen Spießgesellen kein gutes Ende nehmen konnte, doch in unserer Gegend herrschte unverändert Ruhe, und wir wiegten uns in einer trügerischen Sicherheit. Unsere Versorgungslage war ebenfalls nicht schlecht, denn auf dem Land lebte man besser als in den Städten, weil wir weitgehend Selbstversorger waren – wir hatten Tiere im Stall und

Gemüse und Obst in den Gärten. Nur an Ersatzkaffee und Margarine mussten wir uns gewöhnen.

So genoss ich an diesem Morgen mein Frühstück und freute mich, dass ich nicht so früh zur Arbeit musste. Träumend blickte ich aus dem Fenster. Sanfte Flocken wirbelten durch die Luft, ein dünner Nebel lag über den umgegrabenen Gemüsebeeten, umhüllte leicht die Teppichstangen, den Holzschuppen und die gegenüberliegenden Häuser.

Ich dachte an den Schorsch. Wo er jetzt wohl war? Mein letzter Brief, den ich vor drei Wochen abgeschickt hatte, war bisher ohne Antwort geblieben. Ich sehnte mich nach ihm mit jeder Faser meines Herzens und war ganz sicher, dass bald eine Nachricht von ihm kommen würde.

»Bernds Emil ist auch gefallen«, bemerkte die Großmutter seufzend. »Ich habe es beim Bäcker erfahren, in den Ardennen. Dort haben sie wirklich skrupellos alles verheizt, alte Männer und Jungs, die fast noch Kinder und militärisch kaum ausgebildet waren. Es ist eine Schande! Mir tut Emils Mutter leid. Die arme Frau – erst verliert sie den Mann, dann noch den Sohn.«

Ich war betroffen, denn obwohl ich den frechen Emil im Grunde nie richtig leiden konnte, war es doch furchtbar, dass er in einem schon verlorenen Krieg noch sterben musste. Einen Moment lang fragte ich mich, ob Großmutter mit ihrer Meinung, dass Hitler und die Nazis Verbrecher waren, nicht doch recht hatte und ich mit meiner Nibelungentreue falsch lag. Mein Margarinebrot schmeckte mir auf einmal nicht mehr.

Die Mutter erhob sich und schaltete den Volksempfänger ein. Sie wollte uns wohl auf andere Gedanken bringen. Aber was war los? Statt der aufmunternden Schlagermelodien wie »Liebling, mein Herz lässt dich grüßen« oder »Ein Freund, ein guter Freund, das ist das Schönste, was es gibt auf der Welt«, die sonst trotz der aussichtslosen Kriegslage aus dem Lautsprecher tönten, hörten wir heute schwere, getragene Musik. Dann kamen die Nachrichten, und der Sprecher meldete, dass in der vergangenen Nacht Dresden von britischen und amerikanischen Verbänden bombardiert worden sei und noch immer angegriffen werde. Ein Großteil der Stadt liege in Schutt und Asche, sagte er. Zehntausende von Dresdnern und Flüchtlingen, vor allem aus Schlesien, die sich in der bis jetzt von Luftangriffen verschonten Stadt sicher gefühlt hatten, waren ums Leben gekommen.

»Das ist nicht wahr!«, rief die Großmutter erschüttert aus. »Doch nicht Dresden!«

Immer hatte es geheißen, die Stadt bliebe auf Anweisung Churchills verschont, weil er persönliche Verbindungen zur Elbmetropole hätte – von einer Großmutter oder einer Cousine war die Rede, ich weiß es nicht mehr genau.

»Mein Gott, wie wird es der Gertrud gehen? Ob sie es mit den Kindern überlebt hat?« Die Großmutter war ganz in sich zusammengesunken. Gertrud war ihre Nichte.

»Die Neustadt blieb weitgehend verschont«, hörte ich den Nachrichtensprecher weiter berichten.

»Gott sei Dank«, atmete die Großmutter kurz auf, meinte dann aber sogleich: »Das heißt aber noch lange nicht, dass auch ihr Haus unbeschädigt geblieben ist.«

Wir waren wie erstarrt. Diese schöne Stadt mit ihren bedeutenden Kunstschätzen, die auch Elbflorenz genannt wurde, sollte in Schutt und Asche liegen – es schien uns unfassbar zu sein.

Ich dachte daran, dass ich dem Schorsch versprochen hatte, ihm bei seinem nächsten Besuch die Stadt zu zeigen, doch jetzt war dort offenbar nichts mehr zu bewundern.

Während wir noch gedankenverloren am Tisch saßen, hörten wir, wie die Heli die Treppe herunterkam. Sie stürmte zur Tür herein, ohne anzuklopfen. »Habt ihr es schon gehört?«, rief sie aus.

Unsere Gesichter sagten alles. »Das gibt es doch nicht, Dresden!«, stammelte sie und ließ sich auf den nächstbesten Stuhl sinken. »Es hat doch immer geheißen, dass Churchill die Stadt verschonen will.«

»Anscheinend doch nur ein Gerücht«, murmelte die Mutter bedrückt.

»Und die ganze Stadt voller Flüchtlinge! So etwas darf es einfach nicht geben. Was hat das für einen Sinn? Der Krieg ist doch längst verloren!«

Die Heli, die früher immer so lebenslustig und optimistisch gewesen war, hatte sich seit Richards Tod verändert.

»In keinem Krieg liegt ein Sinn«, seufzte die Großmutter und rollte ihren Haarknoten neu. Das war eine Bewegung, die typisch für sie war. Mehrmals am Tag tat sie das, aber noch nie war sie mir dabei so langsam und müde erschienen. Dann meinte sie: »Willst einen Kaffee, Heli? Es steht noch einer auf dem Herd.«

»Ja, danke.« Die Heli war froh, dass sie nicht gleich wieder in ihre leere Wohnung musste.

Die Großmutter ging träge zum Herd, hob schwerfällig die Kanne und goss den schwarzen Ersatzkaffee in eine Tasse. »Der Heinrich hat immer gewarnt, dass dieser verdammte Hitler die Welt ruinieren wird. Das hat er schon vor der Machtergreifung gesagt. Gut, dass er das alles nicht mehr miterleben muss.«

»Was wird nur werden nach dem verlorenen Krieg, wenn die Russen kommen oder die Amerikaner? Was werden die dann mit uns machen?«, grübelte die Heli.

»Aber die Wunderwaffen!«, rief ich aus. »Vielleicht werden sie doch noch die Wende bringen.« Obwohl auch an mir immer mehr Zweifel nagten, stand ich wie die meisten jungen Leute, die mit der Nazipropaganda aufgewachsen waren, nach wie vor stark unter deren Einfluss und klammerte mich an die inhaltsleeren Parolen vom Endsieg und den Wunderwaffen.

»Glaub doch nicht den ganzen Mist«, bemerkte die Heli und nahm dabei einen kleinen Schluck von dem heißen Kaffee. »Ich schalte schon lange das Radio aus, wenn ich nur diesen Goebbels höre.«

»Ich kann diese geifernde Stimme auch nicht mehr hören«, entgegnete die Mutter. Ich warf ihr einen entsetzten Blick zu, denn solche Worte hatte ich aus ihrem Munde bisher nie gehört. Ich konnte nicht fassen, was hier am Tisch erzählt wurde.

Alle »Wahrheiten«, die man uns in der Schule oder bei der Hitlerjugend eingetrichtert hatte, wurden dadurch in Frage gestellt, und das wollte ich einfach nicht wahrhaben.

Ich sprang auf. »Deutschland wird diesen Krieg gewinnen, und wenn die ganze Welt untergeht!«, rief ich pathetisch aus.

»Du weißt ja nicht, was du da redest!«, fuhr mich meine Mutter mit ungewohnt harter Stimme an, doch dann wurde ihr Gesichtsausdruck sogleich wieder weich und kummervoll. Sie stand auf und ging zum Schrank. Verborgen hinter einem Buch lag ein Brief, den sie mir nun überreichte. »Ich wollte ihn dir erst am Abend geben«, sagte sie voller Mitgefühl. »Er war gestern in der Post. Heute ist ein schwarzer Tag – besonders für dich. Aber vielleicht siehst du jetzt manches anders.«

Ich spürte, wie mir das Blut aus dem Gesicht wich, als ich den Umschlag anschaute. Es war mein eigener Brief, den ich vor drei Wochen an den Schorsch abgeschickt hatte. Er war zurückgekommen mit dem Vermerk: »Gefallen für Großdeutschland« – mir wurde schwarz vor den Augen. Ich taumelte in meine Kammer. Wie ich die nächsten Stunden verbrachte, weiß ich nicht mehr. Der Schmerz löschte mein Denkvermögen völlig aus. Eigentlich hätte ich zur Arbeit fahren müssen, doch die Großmutter und die Mutter ließen mich in Ruhe und drängten mich nicht.

Am nächsten Tag, als ich langsam wieder zu mir kam, erzählte mir meine Mutter, dass sie bei Herrn Elsner, meinem Chef, gewesen sei, um mein Fernbleiben zu entschuldigen. Er war zutiefst bestürzt über die Bombardierung von Dresden, obwohl er keine Verwandten und Bekannten in der Stadt hatte.

Er bot meiner Mutter eine Tasse Kaffee an, Ersatzkaffee natürlich, setzte sich ihr gegenüber und zündete sich eine Zigarette an. Herr Elsner war Kettenraucher.

»Ich habe zu meiner Frau immer gesagt: Dresden bleibt nicht verschont. Wir haben uns da alle etwas vorgemacht. Haben Sie Angehörige dort?«, fragte er dann.

»Ja, eine Cousine und zwei Nichten. Ich hoffe, dass sie noch leben, denn die Neustadt soll ja stehen geblieben sein«, antwortete meine Mutter bedrückt.

»Ja, hoffen wir es«, meinte der Friseurmeister und starrte durchs Schaufenster nach draußen. »Es dauert nicht mehr lange, dann ist alles zu Ende«, murmelte er. »Die Ardennenoffensive ist gescheitert und die letzte Reserve dahin, sinnlos geopfert.« Mit der Kuppe seiner vom Nikotin gelb gefärbten Finger drückte Herr Elsner die Zigarette aus, um sogleich die nächste anzuzünden. Seine Hände zitterten leicht.

»Vielleicht gibt es doch noch Hoffnung«, wandte meine Mutter ohne Überzeugung ein.

»Nein, es ist vorbei. Glauben Sie es mir. Geben Sie sich da keinen Illusionen hin. Der Iwan hat uns.« Herr Elsner wandte sich wieder vom Fenster ab und strich sich sein zweifelsohne schwarz gefärbtes Haar zurück, das in seltsamem Kontrast zu seiner blassen, gelblichen Haut stand. »Da helfen keine Wunderwaffen mehr, keine Raketen und keine neuen Düsenjäger. Bald werden die Engländer und Amerikaner über den Rhein sein, aber das wäre nicht das Schlimmste. Ich habe Angst vor dem Iwan. Das wird kein Zuckerschlecken.«

»Vor dem Russen haben wir doch alle Angst.«

»Denken Sie an Flucht?«

»Noch ist es ja nicht so weit.« Meine Mutter erhob sich. »Ich muss jetzt wieder los, Herr Elsner.« Sie war im Grunde ihres Herzens ein unpolitischer Mensch und ließ sich nicht gern in der Öffentlichkeit auf solche Diskussionen ein. Worüber man sich zu Hause, innerhalb der eigenen vier Wände, unterhielt, war eine andere Sache.

Als sie auf der Straße stand, hatte es inzwischen stärker zu schneien begonnen, und ein kalter, feuchter Wind wehte ihr entgegen, der sie mit ihrem Fahrrad beinahe zum Stürzen brachte. Plötzlich stieß ein Flugzeug durch die Nebeldecke und steuerte direkt auf meine Mutter zu. In Todesangst sprang sie vom Rad und ließ sich die Böschung hinunter in ein Bachbett rollen. Doch der Tiefflieger verschonte sie oder hatte sie nicht bemerkt.

Die Front rückt näher

Die Nachricht vom Tod meiner großen Liebe ließ mich wochenlang völlig apathisch werden. Alles war mir gleichgültig geworden. Spielte es noch eine Rolle, wer den Krieg gewann? Sollte doch die ganze Welt untergehen!

Nichts mehr war übrig von meiner Begeisterung für den Nationalsozialismus und meinem beharrlichen Glauben an den Endsieg. Meldungen, das oberschlesische Industrierevier sei in sowjetische Hand gefallen, waren ebenso bedeutungslos für mich wie die aussichtslose Verteidigung von Breslau, das zur Festung erklärt worden war und nicht kapitulieren durfte. Ebenso wenig interessierte es mich, als kurzfristig der sowjetische Vormarsch an der Lausitzer Neiße aufgehalten wurde und viele euphorisch die Wende des Krieges gekommen sahen. Nichts, aber gar nichts schien mehr wichtig für mich, seit der Schorsch tot war.

Doch die Realität sollte mich sehr bald einholen. Als wir am 4. Mai im Dorf zum ersten Mal fernen Kanonendonner hörten, konnte kein Zweifel mehr bestehen, dass die Russen endgültig auf dem Vormarsch waren.

Obwohl das so sicher war wie das Amen in der Kirche, erließ die Ortsgruppenleitung noch die Anordnung, Schützengräben auszuheben. Als ob noch irgendetwas und irgendwer aufzuhalten wäre!

Da die meisten Jungen – sogar die ganz jungen – inzwischen beim Volkssturm oder im Zuge des Arbeitsdienstes eingesetzt waren, um den inzwischen dramatischen Mangel an regulären Soldaten auszugleichen, mussten jetzt wir Mädchen ran. Statt zur Arbeit zu gehen, sollte ich mich mit dem Jungvolk beim Bahnhof treffen und eine Schaufel mitbringen.

»Haben wir eine Schaufel? Ich brauche unbedingt eine Schaufel. Wir müssen Schützengräben ausheben.«

»Ursel!«, rief meine Mutter mit Tränen in den Augen. »Hast du immer noch nicht genug? Ich habe geglaubt, dass du endlich geheilt bist.«

Ich warf ihr einen traurigen Blick zu. »Ich muss mitmachen! Ich darf mich nicht drücken, auch wenn ich keinen Sinn mehr in alledem sehe. Jeder Deutsche hätte sich bis zum letzten Blutstropfen zu verteidigen, hat unsere BDM-Führerin gesagt.«

Wenig später stand ich mit den anderen am Bahnhof. In dem einstigen Speisesaal warteten russische Kriegsgefangene auf den Abtransport. Wie die Insassen der Konzentrationslager wurden auch sie noch vor der heranrückenden Front weggebracht. Die Sieger sollten keine Beweise für die Verbrechen der Nazis finden. Voller Entsetzen und Mitleid beobachtete ich, wie die halb verhungerten Gefangenen in Waggons getrieben wurden. Aus einem Impuls warf ich mein mitgebrachtes Brot in einen der Güterwagen, bevor sich die Tür hinter den bis auf die Knochen abgemagerten Männern schloss.

»Viele von denen sollen schon krepiert sein«, flüsterte mir meine Freundin Ilse zu, deren Vater Kommunist gewesen war und sich erhängt hatte. »Es ist ja wirklich bestialisch, wie man sie behandelt. Das sind doch auch nur Menschen.«

»Psst … Bist du wahnsinnig! Noch ein Wort und ich melde dich«, zischte uns ein Junge in HJ-Uniform zu. Dann war es auch für uns Zeit, in den bereitstehenden Zug zu steigen.

»Los jetzt!«, rief uns der Ortsgruppenleiter zu. »Hinein in die Waggons!«

»Wo geht es überhaupt hin?«, fragte ich Ilse.

»Ich glaube, nach Zittau. Aber genau weiß ich es nicht. Ist ja eigentlich nebensächlich«, antwortete sie.

»Ist dir auch alles egal? Früher war es anders bei uns beiden.« Wir sahen uns an und verstanden einander. »Habe ich dir eigentlich schon vom Schorsch erzählt?«, fragte ich.

»Nicht direkt. Du wolltest nie so recht damit herausrücken.«

»Er ist gefallen.« Ich begann haltlos zu weinen. Meine Freundin nahm mich in den Arm. »Das tut mir leid«, murmelte sie. Anschließend sprachen wir nicht mehr, bis wir am Ziel waren. Mit unseren Schaufeln verließen wir den Zug, mussten noch einen Kilometer marschieren, und dann begann ein langer, sinnloser Arbeitstag, der nur insofern gut war, dass ich am Abend todmüde ins Bett fiel und sofort einschlief.

Am nächsten Tag war der Kanonendonner wieder ein Stück näher gekommen, und jetzt kamen Flüchtlinge auch in unser Dorf. Bei uns wurde für zwei Nächte eine junge Frau mit zwei kleinen Kindern einquartiert, denen wir Großmutters Schlafstube überließen. Sie stammten aus Ostpreußen. Die Frau sprach kaum ein Wort, und die Kinder weinten meist still vor sich hin. Besonders das vierjährige Mädchen war völlig verängstigt und schrak bei jedem lauten Geräusch zusammen. Doch am Abend, nachdem die Großmutter ein paar Gläschen Kirschlikör eingeschenkt hatte, löste sich die Zunge der Frau, und sie begann unter Schluchzen zu erzählen.

»Mein Mann ist schwer verwundet mit einem der letzten Flugzeuge aus Stalingrad ausgeflogen worden«, begann sie mit bebender Stimme. »Er hatte schwere Erfrierungen erlitten, und es ging ihm noch immer sehr schlecht. Er wollte nicht fliehen – er hatte schon zu viel durchgemacht. Eine Familie nach der anderen verließ das Dorf, und wir waren immer noch da. Da ergriff ich die Initiative, und wir schlossen uns einem Treck an. Ein halbes Jahr sind wir nun auf der Flucht. Mein Mann ist unterwegs gestorben.«

»Wo denn?«, fragte meine Mutter mitfühlend.

»Ach, das war irgendwo in Mecklenburg. Aber ich musste weiter; ich musste doch die Kinder retten.« Sie begann wieder bitter zu weinen.

»Und nun sind die Russen bald bei uns«, murmelte meine Mutter. »Wir werden ebenfalls fliehen müssen. Was für eine schreckliche Zeit.« Doch dann trank auch sie ein Gläschen von dem süßen Likör, und die fremde Frau erzählte von ihrem Dorf in Ostpreußen, als die Welt für sie noch heil gewesen war. Es war der letzte gemütliche, zugleich jedoch unsagbar wehmütige Abend in unserer Wohnung, die für mich so viele schöne Erinnerungen barg.

»Es wird schon alles gutgehen«, meinte meine Großmutter zum Abschluss, als wir uns anschickten, schlafen zu gehen. »Vielleicht verschont uns der Iwan. Nicht alle Russen sind grausam und schlecht. Ich werde zumindest nicht fliehen. Mich bringt keiner aus dieser Wohnung heraus, nur der Herrgott.«

In der ersten Maiwoche kursierten in unserem Dorf Gerüchte über eine Kapitulation. Seit Wochen hatten wir schon gehört, dass eine Stadt, eine Region nach der anderen von den heranrückenden alliierten Truppen eingenommen worden war. Aber wir wussten nicht, wie weit wir den Meldungen im Radio trauen konnten, denn schließlich hatten wir zwölf Jahre lang allzu blind den Propagandalügen vertraut und viel zu lange an den Endsieg geglaubt. War der Krieg jetzt wirklich vorüber? Schwiegen wirklich überall die Waffen, nachdem am 7. Mai die deutsche Generalkapitulation unterzeichnet worden war?

Schon seit Tagen waren verstärkt Flüchtlingsströme aus dem Osten in unser Dorf gekommen, die alle noch versuchten, rechtzeitig vor der Kapitulation in den westlichen Machtbereich zu gelangen – nicht zuletzt auch viele Truppenteile von der Ostfront, die einer Gefangennahme durch die Russen entgehen wollten.

Begleitet wurden die Konvois mit flüchtenden und zurückweichenden Soldaten von Tieffliegerbeschuss und Bombenabwürfen. Es gab einige Tote und viele Verletzte.

Die Bewohner von Leutersdorf reagierten mit Panik, denn bislang waren sie von direkten Kriegseinwirkungen ja verschont geblieben.

Viel mehr zur Beunruhigung aber trug bei, dass der Ortsgruppenleiter, der noch nicht erkannt hatte, dass seine Zeit abgelaufen war, durch das Dorf fuhr und die Bewohner, vor allem Frauen und Kinder, zur Flucht aufforderte, denn in einigen Orten, die in unmittelbarer Nähe lagen, waren bereits Soldaten der Roten Armee einmarschiert und hatten fürchterliche Rache geübt für die unvorstellbaren Verbrechen, die auf Hitlers Befehl beim Überfall auf die Sowjetunion verübt worden waren, und auch damals hatte man keine Rücksicht auf die Zivilbevölkerung genommen – so sagte das der Ortsgruppenleiter natürlich nicht, sondern warnte uns nur vor der Brutalität der Russen.

Jetzt mussten erneut viele Unschuldige leiden. Während die Frauen in panischer Angst vor den sowjetischen Soldaten lebten, musste mancher deutsche Soldat seine eigenen Kameraden fürchten. Im Nachbardorf, so wurde berichtet, waren drei junge Wehrmachtsangehörige wegen Wehrkraftzersetzung aufgehängt worden – von Deutschen. Es gab in den letzten Kriegstagen und selbst nach der Kapitulation nach wie vor Unverbesserliche, die nicht an das Ende der braunen Herrschaft glauben wollten. Standgerichte, die noch in letzter Minute Todesurteile vollstreckten, sollten die Truppen zum äußersten Widerstand treiben. Kinder und alte Männer wurden als »Volkssturm« gegen anrückende Panzer vorgeschickt. Welch ein Wahnsinn in diesem sinnlosen Krieg!

Während wir angstvoll in unseren Wohnungen saßen, hörten wir das Pfeifen schwerer Geschosse auf den umliegenden Höhen, und die Einschläge schienen immer näher zu kommen. Auch einige betrunkene Russen, die mit ihren Gewehren herumballerten, waren angeblich bereits in der Nähe gesehen worden.

Das alles trug nicht gerade zur Beruhigung der Gemüter bei, und bald gab es unter den Frauen und Kindern nur noch die einhellige Meinung: Nichts wie weg!

Den Morgen des 9. Mai, an dem wir flohen, werde ich nie vergessen.

Es versprach ein milder, schöner Frühlingstag zu werden. Auf der Wiese vor dem Haus funkelten die Tautropfen wie Diamanten, in den Gärten blühte der Flieder. Die Morgensonne flutete durch die Straße und fing sich in den weißen und rosa Blüten der Obstbäume. Der Anblick war unbegreiflich schön.

Ich lief noch einmal zum Bäcker, um Proviant für die Flucht zu besorgen, falls es überhaupt noch etwas zu kaufen gab. An diesem frühen Morgen war es seltsam still im Dorf. Ein paar junge Soldaten saßen unter einem Lindenbaum, wo sie vermutlich die ganze Nacht verbracht hatten. Sie waren unrasiert, ihre Uniformen schmutzig – sie gehörten wohl zu denen, die sich noch rechtzeitig von der Ostfront absetzen konnten. In ihren Gesichtern spiegelte sich das ganze Elend des Krieges wider, doch ich meinte auch eine Spur von Erleichterung in ihren abgemagerten Zügen erkennen zu können. Einer von ihnen spielte auf der Ziehharmonika Lale Andersens Lied von dem Mädchen Lilli Marlen, das – über alle Soldatensender ausgestrahlt – den Männern in den Schützengräben Trost und auch ein wenig Hoffnung gespendet hatte.

Ich wusste, dass dieses Bild vollendeten Friedens trügerisch war. Schon bald konnten die Russen kommen, und die jungen Soldaten mussten sich schleunigst aus dem Staub machen.

Auch für uns wurde es Zeit, für meine Mutter und mich.

Die Großmutter würde hier bleiben, wie sie immer angekündigt hatte, und dabei blieb es. »Wer wird einer alten Frau wie mir schon etwas antun?«, sagte sie, als ich sie schluchzend ein letztes Mal umarmte. Sie war damals erst Anfang sechzig, sah jedoch viel älter aus, besonders heute, da wir von ihr Abschied nahmen.

Meine Mutter wollte mit mir gerade hinunter zur Dorfstraße rennen, als ihr unsere Nachbarin Gerlinde, die sich drei kleiner elternloser Kinder aus der Verwandtschaft angenommen hatte, nachrief: »Nimm die Kinder mit, Elsa! Ich bitte dich. Ich kann nicht mit ihnen gehen, ich bin zu alt. Nimm dich ihrer an. Der Herrgott wird es dir danken.«

»Mein Gott, auch das noch«, entfuhr es meiner Mutter, doch da hatte sie zwei der still vor sich hin weinenden Kinder schon an der Hand, und ich kümmerte mich um das dritte. So liefen wir zur Straße hinunter.

Wir hatten Glück, dachten wir, dass Soldaten durch unser Dorf gekommen waren, denn dadurch konnten wir uns ihnen anschließen und einen Platz auf einem der Wehrmachtswagen finden. Im Nachhinein mussten wir jedoch erkennen, dass genau damit unser Unglück anfing. Während nämlich jene Dorfbewohner, die sich zu Fuß auf die Flucht machten, bereits nach wenigen Tagen zurückkehren konnten, weil die russischen Truppen unser Dorf weitgehend verschont hatten, würde es für uns lange dauern, bis wir Leutersdorf wiedersahen.

Aber wer konnte das damals ahnen? Das war nicht voraussehbar. Zudem glaubten wir, bei den Wehrmachtsangehörigen für eine Flucht bestens aufgehoben zu sein, denn die mussten ja schließlich wissen, wo wir uns in Sicherheit bringen konnten. Bald sollten wir feststellen, dass wir uns auch in dieser Hinsicht getäuscht hatten.

Zunächst jedoch waren wir froh, als wir auf den Militärfahrzeugen das Dorf hinter uns lassen konnten. Nur weg von den Russen, immer in westliche Richtung, wo die Amerikaner waren, die angeblich sehr human mit der deutschen Bevölkerung umgingen.

Ich warf einen letzten Blick zurück. Ein Hauch von Blütenduft flog mir zu, die Großmutter stand noch immer an der Tür, vor dem Haus blühte ein Birnbaum in seiner ganzen Pracht. Das waren meine letzten Eindrücke.

Eine verhängnisvolle Entscheidung

Ziel unserer unfreiwilligen Reise sollte Prag sein. Dort seien, hatte man uns erzählt, bereits die Amerikaner. Doch wie viele andere Gerüchte, die damals wie ein Lauffeuer die Runde machten, sollte sich auch dieses als Fehlinformation erweisen – für uns ein schrecklicher Irrtum mit unabsehbaren Folgen. In der Stadt, die uns als Himmel auf Erden erschienen war, war nämlich die Hölle ausgebrochen.

Ich weiß heute nicht mehr, wer diese völlig falsche Nachricht verbreitet hatte, denn Tatsache ist, dass die Amerikaner niemals in Prag und auf tschechischem Gebiet waren. Sie waren lediglich in die westlichen Teile des Sudetenlands vorgedrungen, doch das Protektorat Böhmen und Mähren wurde bis zum 5. Mai von deutschen Einheiten gehalten.

Während in Berlin die Verteidiger der Stadt bereits kapituliert hatten, wehte auf dem Prager Hradschin noch die Hakenkreuzflagge auf halbmast, nachdem man von Hitlers Selbstmord erfahren hatte. Sogar als tschechische Nationalisten zum bewaffneten Aufstand gegen die verhassten Besatzer aufriefen, glaubten diese noch, die Unruhen mit Hilfe von SS-Verbänden und Einheiten der sogenannten Wlassow-Armee niederschlagen zu können. Erst als Letztere sich auf die Seite der Tschechen schlug, war auch in Prag das Spiel für die Deutschen aus. Wenige Tage später, am 10. Mai, nahm die von Osten vorrückende Rote Armee die Stadt ein. Von alledem aber hatten wir damals keine Ahnung, und so fuhren wir sorglos und hoffnungsvoll direkt in die Höhle des Löwen.

Am Abend des ersten Tages machten wir in einem Dorf hinter Gablonz Halt. Inzwischen waren wir im Sudetenland – ich kannte diese Gegend, denn sie war von unserem Dorf, das nahe an der ehemaligen Grenze lag, nicht weit entfernt. Wir waren oft zum Kirschenpflücken dorthin gefahren, und die Großmutter hatte dann zu Hause ihren guten Kirschlikör angesetzt. Tränen traten der Mutter und mir in die Augen, als wir uns daran erinnerten.

Wir übernachteten in einem großen Haus, einer Art Gutshof, ziemlich unbequem auf dem blanken Fußboden, doch das wäre noch das geringste Übel gewesen. Mitten in der Nacht wurde es laut. Als wir aus dem Schlaf schreckten, sahen wir durchs Fenster einen hellen Feuerschein. Draußen standen einige der Wehrmachtsfahrzeuge in Flammen, die offensichtlich von Tieffliegern in Brand geschossen worden waren. Leider war auch unser Wagen darunter, und unsere gesamte Habe war dahin. Wir hatten nur noch das, was wir auf dem Leib trugen. Die uns anvertrauten Kinder weinten herzzerreißend, und meine Mutter, die ohnehin mit den Nerven am Ende war, musste versuchen, sie zu trösten.

Am nächsten Morgen ging es mit den heil gebliebenen Fahrzeugen weiter Richtung Prag. Als wir auf tschechisches Gebiet kamen, merkten wir bald, dass hier alles anders war, als wir gedacht hatten. Die

Deutschen hatten offensichtlich das Weite gesucht, aber mit Entsetzen stellten wir fest, dass es keineswegs US-Soldaten waren, auf die wir jetzt stießen. Die Illusion vom gepriesenen Prag, von den netten Amerikanern, die dort für Ordnung sorgten, fiel wie ein Kartenhaus in sich zusammen.

Tschechische Milizen hielten uns an. Sie trugen rote Armbinden mit der Aufschrift RG, was so viel wie Revolutionäre Garde hieß.

»Mein Gott, die werden uns doch nichts tun!«, rief meine Mutter aus und wurde schneeweiß. Die Nachbarskinder drängten sich ängstlich an sie und begannen wieder zu weinen. Neben mir lag ein junger Soldat, der mit einer Verletzung von der Front zurückgekommen war und dringend in ein Lazarett musste. Von Zeit zu Zeit wischte ich ihm den Schweiß von der fiebrigen Stirn.

Wir wurden kontrolliert und mussten die Wagen verlassen. Vor Angst schlotternd standen wir Frauen und Kinder wie ein armseliges Häufchen auf dem Marktplatz. Ich schaute mich um. Das Dorf war schön – es erinnerte mich an Leutersdorf. Auch dieser Ort war von grünen Hügeln umgeben, und auch hier blühten die Bäume. Diese Schönheit und dieser Friede standen in groteskem Kontrast zu dem unheilvollen Geschehen um uns herum. Jetzt war es für uns ganz und gar kein Vorteil mehr, mit Wehrmachtsangehörigen angetroffen zu werden.

Wortfetzen in deutscher und tschechischer Sprache drangen an mein Ohr. Dann wurde ein junger Soldat aus dem Konvoi hervorgezerrt. Der Mann wehrte sich und beteuerte seine Unschuld, doch er wurde nicht angehört. Mit ihren Gewehren stießen die tschechischen Garden ihn vorwärts, steuerten einem kleinen Haus zu. Eine alte Frau stand an der Tür. Sie schien zu wissen, was nun geschehen sollte, und wollte es nicht zulassen. Obwohl sie Tschechin war, setzte sie sich für den deutschen Soldaten ein, bat ihre Landsleute, das Leben des jungen Menschen zu schonen, ganz gleich, ob er schuldig oder unschuldig war. Es gab viel Schuld in diesem wahnsinnigen Krieg, und wer konnte schon behaupten, gänzlich unschuldig zu sein?

Die Milizen beachteten die Bitten der alten Frau nicht. Sie hätten Waffen bei ihm gefunden, sagten sie. Eine Frau aus unserem Treck, die Tschechisch verstand, flüsterte uns den Sinn ihrer Worte zu. Dann verschwanden sie mit dem sich wehrenden Soldaten hinter dem Haus – kurz darauf fielen zwei Schüsse.

Ich war völlig verstört, denn bislang hatten wir von der Brutalität des Krieges direkt nichts mitbekommen. Jetzt merkte ich, welch riesengroßer Unterschied zwischen persönlichem Erleben und Berichten aus zweiter Hand bestand. Ich lief zu meiner Mutter, die bereits mit den Kindern auf den Wagen geklettert war, kauerte mich in eine Ecke und starrte mit stumpfsinnigem Blick vor mich hin.

Mit unserer Bewegungsfreiheit war es vorbei, und mit unserer Entscheidungsfreiheit auch. Wir hatten keine Wahl mehr, weiterzufahren oder umzukehren – wir würden nach Prag fahren, aber eskortiert von tschechischen Milizen. Dort würde entschieden werden müssen, was mit uns geschehen sollte. Wir ahnten nichts Gutes, denn schließlich war die Tschechoslowakei von Hitler überfallen worden, und ihre Bürger waren seitdem Sklaven im eigenen Land gewesen. Zahllose Menschen waren widerrechtlich enteignet, verhaftet und ermordet worden. Auch wenn uns damals Einzelheiten nicht bekannt waren, so wussten wir doch, dass sich ein befreites Volk meist an den ehemaligen Peinigern rächte und kaum bereit war, zwischen Schuldigen und Unschuldigen zu unterscheiden.

Vor Rache fürchteten sich auch die Soldaten der Wlassow-Armee, die wir unterwegs trafen. Sie hatten ihren Namen von dem russischen General Andrej Wlassow, der 1942 in deutsche Kriegsgefangenschaft geraten war und sich bereit erklärt hatte, an der Spitze einer aus russischen Kriegsgefangenen und Überläufern bestehenden Armee an der Seite Hitlers gegen Stalin zu kämpfen. Obwohl sich die Reste dieser Armee in Prag letztlich an der Vertreibung der Deutschen beteiligt hatten, galten sie in den Augen der Sowjets als Überläufer und fürchteten mit Recht, wie sich später herausstellte, harte Vergeltungsmaßnahmen. 1946 wurde ihnen in Moskau der Prozess gemacht, der mit Hinrichtung oder Arbeitslager endete. In diesen ersten Tagen zogen noch viele Wlassow-Soldaten im Land umher und suchten nach einem Schlupfloch in den Westen. Aber selbst jene, denen dies gelang, wurden später gemäß einer zwischen den Vereinigten Staaten und der Sowjetunion getroffenen Vereinbarung an die Russen ausgeliefert.

Unser Konvoi fuhr in Richtung Elbe. Unterwegs sahen wir endlose Kolonnen deutscher Soldaten, die in die Gefangenschaft marschierten. Wir hingen trüben Gedanken nach und verfluchten unsere Entscheidung, uns der Bequemlichkeit halber den Wehrmachtsangehörigen angeschlossen zu haben. Jetzt waren wir genau zur falschen Zeit am falschen Platz.

Eine Sudetendeutsche, die unterwegs zu uns gestoßen war, erzählte meiner Mutter weinend, wie die Tschechen in ihrem Dorf gewütet hatten. Sie stand noch völlig unter Schock. »Sie sind in unsere Häuser gedrungen und haben alle Soldaten mit Gummiknüppeln und Peitschenhieben auf die Straße getrieben, auch meinen Mann, der gerade erst aus dem Lazarett gekommen war. Auf dem Marktplatz mussten sich alle Männer mit erhobenen Händen aufstellen, und die Tschechen schlugen auf sie ein. Was haben wir ihnen getan?«, schluchzte die Frau. »Ich habe nie etwas mit Hitler im Sinn gehabt und mein Mann auch nicht. Jetzt haben sie ihn weggebracht, und ich weiß nicht, wohin. Andere haben sie erschossen oder aufgehängt«, weinte die Frau.

Wir hörten mit ungläubigem Staunen zu. Hatten Tschechen und Deutsche früher nicht immer friedlich zusammengelebt? Nie war den Sudetendeutschen auch nur ein Haar gekrümmt worden. Doch alles war anders geworden seit Hitlers unseligem Plan, die deutschsprachige Minderheit der Tschechoslowakei »heim ins Reich« zu holen. Jetzt wurden Menschen gequält und vertrieben, die keine andere Heimat kannten als diese Grenzgebiete in Böhmen.

Meine Mutter, die selbst am Ende war, versuchte die völlig aufgelöste Frau zu beruhigen: »Es wird alles gut werden, irgendwie.« Meine Mutter war einzigartig – selbst wenn die ganze Welt unterging, hoffte sie immer noch. Doch bald musste auch sie erkennen, dass diesmal alles Hoffen nichts nutzte.

Wenn wir vom Wagen in die Landschaft blickten, konnten wir kaum begreifen, dass wir ausgerechnet an einem so schönen Tag einem so ungewissen Schicksal entgegenfuhren. Neben mir lag immer noch der verwundete Soldat, der von Zeit zu Zeit in barmherzige Fieberträume glitt. Ganz offensichtlich ging es ihm zusehends schlechter. Plötzlich zog er einen völlig zerknitterten Brief aus seiner Uniformjacke. »Da«, sagte er zu mir und blickte mich dabei bittend an, »kannst du den Brief ins Lazarett nach Prag bringen? Meine Freundin arbeitet dort als Schwester. Ich schaffe es nicht mehr bis dorthin. Sie wartet auf ein Lebenszeichen von mir.«

Ich nahm den Brief an mich, steckte ihn in meine Rocktasche, obwohl ich mir ziemlich sicher war, dass es in Prag kein deutsches Lazarett mehr gab. Der Kopf des Soldaten kippte zur Seite, und ich dachte, er wäre wieder eingeschlafen. Doch als ich nach einer Weile genauer hinsah, entdeckte ich, dass er sich nicht mehr rührte. Er war tot!

Ich war wie gelähmt. Auch das noch! Ein Gefühl völliger Hilflosigkeit überkam mich an diesem bisher schrecklichsten Tag meines Lebens. Zu allem Überfluss rief jetzt auch noch ein Soldat, dass Russen in Sichtweite seien, und die Frauen sollten sich unter den Decken verstecken.

In Panik verkrochen wir uns. Durch einen kleinen Spalt der Decke sah ich wenig später den ersten russischen Soldaten aus der Nähe, als unser Fahrzeug angehalten wurde.

Es war ein Mongole. Obwohl ich mich keinen Millimeter von der Stelle bewegte, glaubte ich, dass er mich entdeckt hatte, denn über sein breites, schlitzäugiges Gesicht ging ein Grinsen. Doch entweder hatte ich mir das nur eingebildet, oder der Soldat führte nichts Böses im Schilde, jedenfalls ließ er uns unbehelligt weiterfahren.

Spießrutenlaufen in Prag

Im Morgengrauen erreichten wir den Stadtrand von Prag. Wir mussten die Wagen verlassen und wurden von den Soldaten, unseren Weggefährten der letzten beiden Tage, getrennt. Wir sahen sie nicht mehr, aber bestimmt kamen sie in russische Kriegsgefangenschaft und wurden vielleicht für Jahre nach Sibirien verschleppt.

Auf dem Platz stand bereits eine große Menschenmenge – überwiegend, soweit ich mich erinnere, Frauen und Kinder, nur ein paar alte Männer. Wir alle wurden nun von den tschechischen Milizen mit den roten Armbinden stundenlang durch die Straßen Prags getrieben und als verhasste Deutsche zur Schau gestellt. Von unserem Treck sah ich bald niemanden mehr, nur meine Mutter mit den Kindern war noch an meiner Seite. Wir versuchten uns fest an den Händen zu halten, damit wir uns nicht verloren, wurden aber immer wieder auseinander gerissen.

Von der Schönheit der Stadt an der Moldau sahen wir nichts. Überall lagen noch Tote auf den Straßen, stumme Zeugen der letzten Kämpfe um die Herrschaft in Prag. Die Barrikaden, hinter denen sich die deutschen Besatzer im Angesicht der Niederlage verschanzt hatten, mussten nun von deutschen Frauen und Männern abgerissen werden. Ganz offensichtlich hatten sich noch viele Deutsche in Prag aufgehalten, wohl den Versprechungen der Propaganda vertrauend, dass die Stadt gehalten würde. Jetzt saßen auch sie in der Falle.

Wie befürchtet, wurde nach der Befreiung ohne Ansehen der Person mit allen abgerechnet, die Deutsche waren. Ich sah viele Frauen, in deren Haar ganz groß das Hakenkreuz einrasiert war. Ihre verschwollenen Gesichter zeugten von Misshandlungen. Waren es Deutsche oder Tschechinnen, die sich mit den Besatzern eingelassen hatten? Ich weiß es nicht, aber später erfuhr ich, dass sich auch in anderen befreiten Ländern wie Frankreich und Norwegen ähnliche Szenen auf den Straßen abspielten.

Die Wut der so lange geknechteten und gedemütigten Tschechen war grenzenlos. Selbstjustiz vor allem an SS-Angehörigen, die jahrelang Terror und Schrecken verbreitet hatten, war keine Seltenheit. In der ersten Zeit herrschte das Gesetz der Straße, und bis Polizei und Justiz endlich die Kontrolle übernahmen, waren etwa fünftausend Menschen durch spontane Gewaltakte zu Tode gekommen.

Viele Jahre später habe ich versucht, Erklärungen für die Ereignisse jener Tage zu finden, und mich eingehender mit der Zeit der deutschen Herrschaft in Prag beschäftigt. Abgesehen von den ganz alltäglichen Schrecken waren nach dem Attentat auf Heydrich, den stellvertretenden Reichsprotektor, wahllos eintausendsiebenhundert Tschechen hingerichtet und ein ganzes Dorf, Lidice, dem Erdboden gleichgemacht, dessen sämtliche männlichen Bewohner getötet worden. Reinhard Heydrich, menschenverachtender Chef der Gestapo und Organisator der »Endlösung«, hatte sich auch im Protektorat als Herr über Leben und Tod aufgespielt und hier einen deutschen Musterstaat aufbauen wollen, in dem die Tschechen nach und nach ausgeschaltet werden sollten. Den »Henker von Prag« nannte man ihn in einer Mischung aus Hass und Furcht. Menschen wie er und seine Helfershelfer hatten nachhaltig das Bild der Deutschen geprägt.

Damals war mir diese Vorgeschichte unbekannt. Ich sah nur die Willkür und Unmenschlichkeit, die ich erlebte, und fragte mich ein ums andere Mal, was um Himmels willen ich eigentlich in Prag zu suchen und mit Prag zu tun hatte. Und ganz bestimmt hatte ich damals eine sehr einseitige Sichtweise von Gut und Böse. Trotzdem bin ich noch heute davon überzeugt, dass Unrecht Unrecht bleibt und bei allem Verständnis der Zusammenhänge auch als solches gesehen werden sollte.

Die Stunden in den Straßen von Prag jedenfalls waren entsetzlich und haben sich meinem Gedächtnis unauslöschlich eingeprägt. Ich meine noch den Mann zu sehen, der mit einem Gewehrkolben niedergeschlagen, vielleicht sogar erschlagen wurde, und die verzweifelten Stimmen der Kinder zu hören, die nach ihren Müttern riefen. Und dann erst die ältere Tschechin, die plötzlich an mich herantrat, mich grob am Arm packte und mir ins Gesicht spuckte. »Verdammte deutsche SS-Hure«, schrie sie mich an. Ich war so verängstigt, dass ich es nicht wagte, die Spucke von meiner Wange zu wischen. Meiner Mutter riss eine andere Frau so heftig die Uhr vom Arm, dass ihr Handgelenk blutete.

Gegen Mittag wurden wir dann in den Innenhof eines großen Gebäudes getrieben. Meiner Erinnerung nach handelte es sich um ein Gericht oder eine Kaserne. Ich war barfuß, denn meine Schuhe hatte ich unterwegs verloren. Gott sei Dank war ich in dem ganzen Chaos nicht von meiner Mutter getrennt worden, die es auch geschafft hatte, ihre drei Schützlinge bei sich zu behalten. Um mich herum sah ich nur gepeinigte, entsetzte und angstvolle Gesichter.

Es war uns nur eine kurze Verschnaufpause gegönnt – vermutlich, um die vielen Menschen erneut zu sammeln –, denn dann ging es weiter bis zum nahe gelegenen Pankratz-Gefängnis. Dort mussten wir uns mit erhobenen Händen und das Gesicht zur Wand an eine Mauer stellen, und die Tschechen schossen wahllos in die Menge. Ich wurde nicht getroffen, doch ich verlor beinahe den Verstand vor lauter Angst. Als die Schießerei vorüber war, sah ich viele Tote, die am Boden lagen, darunter eine junge Mutter. Ihre beiden kleinen Kinder krabbelten auf dem leblosen Körper herum – es war ein grauenvolles Bild. Heute denke ich, dass diese wahllosen Erschießungen im Gefängnishof als Vergeltung für das Massaker nach dem Heydrich-Attentat gedacht waren, denn vermutlich war dieser Ort nicht zufällig gewählt.

Nachdem die Toten weggeschafft worden waren, mussten wir uns in Reih und Glied aufstellen. In tschechischer Sprache wurde dann abgezählt. Bei diesem Appell sah ich meine Mutter und die Nachbarskinder zum letzten Mal, denn anschließend wurden wir getrennt. Was genau geschah, weiß ich nicht mehr. Ich kam erst in einer großen Zelle, in der ich mich inmitten einer Schar mir völlig unbekannter Frauen befand, wieder zur Besinnung.

Gefängnisalltag

Wir waren vierundzwanzig Frauen, die ich im Laufe der Zeit alle ziemlich gut kennenlernen würde. Wie viel Zeit wir hatten, ahnten wir damals nicht, und das war unser Glück, denn sonst hätten wir vielleicht nicht durchgehalten.

Wir waren jetzt Internierte. Alle Deutschen, die sich noch in Prag befanden, durften das Land vorerst nicht verlassen. Das war an sich nichts Ungewöhnliches, denn so wurde auch in anderen Ländern mit den ehemaligen Besatzern und ihren Familien verfahren.

Die erste Stunde in Gefangenschaft habe ich nicht wahrgenommen – ich war völlig apathisch und vor allem überfordert durch die Tatsache, dass meine Mutter, die mir in dieser schwierigen Situation hätte Halt und Trost geben können, nicht bei mir war. Ich war damals nicht gerade ein sehr selbstständiges junges Mädchen, denn bislang hatte ich immer unter den Fittichen meiner Familie gelebt, die mir alles abgenommen hatte.

Ich weiß noch, dass ich vor dem Fenster mit den Gittern stand und nach draußen schaute. Eine kleine, unscheinbare Kirche mit einem vergoldeten Kreuz auf dem Turm, das in der Sonne glänzte, war das erste Bild, das ich wieder bewusst wahrnahm. Da unsere Zelle sich, wie ich feststellte, im vierten Stock des Gefängnisses befand, konnte ich über die Dächer hinwegschauen. Wenigstens etwas, dachte ich mir.

Dann sah ich mich in dem großen Raum um. Auf dem kalten Fußboden lagen einfache Pritschen, und in einer Ecke stand – einer Regentonne ähnlich – eine große Latrine, die eine Toilette ersetzen musste. Fließendes Wasser gab es nicht, nur eine einzige Waschschüssel für alle zusammen. Gott sei Dank ging der Raum wenigstens nach Süden, sodass er bei schönem Wetter von der Sonne durchflutet war.

Ich begann angesichts der Trostlosigkeit ringsumher zu weinen. Ich dachte an zu Hause, an Schorsch, der gefallen war, und am liebsten wäre ich ebenfalls gestorben. Vielleicht würde ich dann meinen toten Freund in einer besseren Welt wiedersehen.

Meine Stimmung besserte sich auch nicht, als sich die Zellentür öffnete und eine Wärterin uns das Essen brachte: ein kleines Stück Brot und eine Blechschüssel voll brauner Brühe. Nicht nur das Essen war eine Katastrophe, sondern auch die Wärterin. Später würden wir feststellen, dass es hier wie überall bösartige, weniger schreckliche und sogar nette Aufseher gab. Diese Frau gehörte zu der üblen Sorte und wollte uns ganz offensichtlich Angst einjagen.

Als eine von uns gegen das Essen aufbegehrte, fuhr sie uns wütend an:

»Haltet den Mund! Ihr habt nichts Besseres verdient. Mit euch sollte man das machen, was ihr mit den Juden gemacht habt! Die sind nämlich vergast worden.«

Obwohl ich damals nicht wirklich wusste, was mit den Juden passiert war, so hatten wir doch inzwischen andeutungsweise Gerüchte gehört, und ich verstand die Anspielung. Die Wärterin schien der Meinung zu sein, dass wir nichts anderes als den Tod verdienten.

Auch gut, dachte ich. Dann war es endlich vorbei, dann hatte dieses Leid, dessen Sinn ich nicht einmal verstand, ein Ende. Doch der Herrgott hatte mit mir noch viel vor und würde mir ein langes Leben bescheren. Ich hätte mir allerdings nie träumen lassen, dass es in diesem Leben Zeiten geben sollte, an denen ich das Elend, das ich als Siebzehnjährige erlebte, völlig vergessen würde.

Nach ein paar Tagen kehrte mein Lebenswille zurück. Ich wollte nicht länger sterben, denn ich war jung und trotz der Strapazen und der Hungerration gesund. Jetzt wollte ich unter allen Umständen durchhalten und hoffte, dass die Drohungen der Wärterin niemals eintreffen würden. Ich stand am Fenster, meine Hände umklammerten das rostige Gitter, mein Blick richtete sich zur Kirche, und ich flehte und betete zu Gott, dass er mich aus dieser Situation befreien möge.

Frau Grünwald, eine Wienerin, die meine Verzweiflung erkannte, tröstete mich: »Keine Angst, Mädel, so schlimm wird es nicht kommen. Das hat die Aufseherin in ihrem Hass nur so gesagt. Ich bin mir ganz sicher, dass wir bald frei sein werden.«

»Warum sind Sie denn hier?«, fragte ich sie. Ihre Zuwendung tat mir unendlich gut.

»Ich lebe schon lange in Prag«, erzählte sie mir. »Mein Mann hatte eine hohe Stelle in der Stadtverwaltung.« Frau Grünwald war, obwohl nicht mehr jung, eine noch immer schöne Frau mit klugen, dunklen Augen und einer leicht geschwungenen Nase. Ihr silbergraues Haar schmiegte sich selbst hier im Gefängnis gepflegt und sauber um ihren kleinen Kopf. Weiß der Himmel, wie sie das machte!

Nach und nach lernte ich meine Leidensgenossinnen kennen. Ich war die Jüngste von allen. Wir haben viel geredet, viel erzählt, auch darüber, wie wir nach Prag geraten waren. Wir waren ja nur vierundzwanzig Frauen unter Hunderten oder Tausenden, die inhaftiert worden waren. Sicher waren diejenigen, die wie ich durch einen dummen Zufall hier gestrandet waren, in der Minderheit.

Bei den meisten handelte es sich wohl um Angehörige von deutschen Beamten und Mitarbeitern der verschiedenen Verwaltungseinrichtungen, die nach der Besetzung der Tschechoslowakei hier in Prag gearbeitet hatten. Und natürlich gab es noch Polizei, Militär und SS, gegen die sich der Hass der Tschechen jetzt ganz besonders stark richtete.

Posten in den besetzten Ländern waren begehrt gewesen, denn man lebte hier luxuriöser als in der Heimat – große Wohnungen oder Häuser, aus denen die rechtmäßigen Besitzer vertrieben worden waren, besseres Essen, schöne Kleidung und andere Vergünstigungen. Sie lebe in Prag wie eine Prinzessin, schwärmte Lina Heydrich, die Frau des später ermordeten Gestapochefs, in einem Brief.

Warum Irene vor zwei Jahren nach Prag kam, hat sie mir nie erzählt, und ich habe nicht gefragt. Aber sie wurde für mich während der Haft zu einer wirklichen Freundin, vielleicht, weil sie mir im Alter am nächsten stand. Sie war Mitte zwanzig, hatte aber bereits zwei Kinder.

»Meine Kinder, was wird aus meinen Kindern!«, schluchzte sie immer wieder.

»Wo sind denn deine Kinder?«, fragte ich behutsam und erfuhr nach und nach ihre Geschichte.

»Ich war nur einkaufen«, schluchzte sie auf. »Wir haben eine Dienstwohnung in der Nähe. Sie haben mich auf der Straße aufgegriffen, mich als deutsche Hure beschimpft und hierher gebracht. Ich weiß nicht, wo mein Mann ist, noch was sie mit meinen Kindern gemacht haben. Vielleicht leben sie schon alle nicht mehr. Sie bebte am ganzen Körper, und ihr Kummer war grenzenlos.

»Es wird ihnen bestimmt nichts geschehen sein, zumindest den Kindern nicht«, versuchte Gretel, eine Bauerntochter aus Oberschlesien, die mit ihrer Schwester Maria aus der Heimat geflohen und auf der Flucht nach Prag geraten war, Irene zu beruhigen.

Auch die beiden Schwestern hatten Schlimmes erlebt. »Die Russen haben uns auf der Flucht vergewaltigt, mehrmals«, weinte Maria, die sanftere und hübschere der beiden, »und nun haben wir Angst, dass wir ein Kind bekommen.«

»Ich habe hier im Lazarett gearbeitet«, erzählte Helene, eine Krankenschwester aus Karlsbad. »Seit zwei Jahren bin ich schon hier.« Für sie war das Zögern der NS-Besatzer, die Stadt rechtzeitig zu räumen und vor allem Zivilpersonen und Verwundete in Sicherheit zu bringen, zum Verhängnis geworden.

Auch weitere Frauen hatten im Lazarett gearbeitet, andere waren mit ihren Männern nach Prag gekommen. Nur Frau Maschke aus dem Sudetenland, die beiden Schwestern aus Oberschlesien, eine Opernsängerin aus Berlin und ich waren durch Zufall zu diesem unglückseligen Zeitpunkt in diese Stadt geraten.

»Ich bin die Frau Maschke und komme aus Neustadt an der Tafelfichte«, stellte sich die Sudetendeutsche vor. »Seit vielen Generationen haben meine Vorfahren dort gelebt. Und nun soll alles vorbei sein?« Sie war eine eher hässliche, aber recht drollige Frau mit kurzen, kräftigen O-Beinen, vorstehenden Zähnen und struppigem Haar, das sich sicherlich auch bei sorgfältigstem Kämmen und Bürsten nicht bändigen ließ. »Mein Mann ist gefallen. Ich bin ganz allein. Aber ich lass mich nicht unterkriegen. Ich bin mir sicher, dass ich bald in mein kleines Häuschen in der Gerbergasse zurück kann. Wo sollte ich denn sonst hin? Ich bin eine Neustädterin. Ja, ich bin aus Neustadt an der Tafelfichte.« Dies wiederholte sie künftig mindestens zweimal am Tag, sodass wir uns bald, wenn sie zu reden anfing, bedeutungsvolle Blicke zuwarfen.

»Ja, Frau Maschke, wir wissen es ja, dass Sie aus Neustadt an der Tafelfichte sind«, meinten wir dann mit einem nachsichtigen Lächeln.

Die Tage gingen dahin, und wir verloren jegliches Zeitgefühl. Meist hockten wir trübsinnig in unserer Zelle, dachten wehmütig an zu Hause und angstvoll an das, was uns vielleicht bevorstand. Würden wir überhaupt unsere Heimat und unsere Familien wiedersehen?

Wir weinten viel, aber wir versuchten auch, uns aus dem Tief herauszureißen, denn schließlich wollten wir alle leben und überleben. Manchmal lachten wir sogar. Wir gaben den Wärtern und Wärterinnen Spitznamen und nannten unser Brot »Pankratz-Brot«, und das

Dörrgemüse, das wir mittags bekamen und das vor Maden wimmelte, bezeichneten wir als »Stacheldraht«.

Am Morgen hörten wir das Gerassel des großen Schlüsselbundes. Die Wärterin kam herein, und jede von uns bekam ein halbes Brot, dazu einen Napf brauner Brühe, die man beim besten Willen nicht als Tee bezeichnen konnte und die aus einem großen Kübel geschöpft wurde. Mittags rasselten die Schlüssel erneut, dann wurde der »Stacheldraht« serviert. Ich hatte noch nie im Leben hungern müssen, denn selbst während des Krieges gab es in unserer ländlichen Gegend ausreichend und gut zu essen. Jetzt musste ich mich überwinden, diesen Fraß überhaupt herunterzubringen, aber man gewöhnte sich an vieles. Trotzdem weinte ich mich vor Hunger abends oft in den Schlaf. Irene, mit der ich meine Pritsche teilte, erging es nicht anders. Manchmal quälte uns der Hunger so stark, dass wir uns die Faust in den Mund steckten, um nicht laut aufzuschreien.

Dann bekam ich zu allem Überfluss meine Regel. Ich hatte mich gerade auf meine Pritsche zum Schlafen gelegt, als ich es bemerkte. Ich wusste nicht ein noch aus, besaß ich doch nichts, um die Blutung aufzufangen.

»Irene«, flüsterte ich meiner Leidensgenossin zu, die erfahrener war als ich und vielleicht einen Ausweg wusste. »Ich habe meine Periode bekommen. Was soll ich denn nur tun? Ich habe doch gar nichts dabei.«

»Nimm dein Unterhemd«, riet sie mir sofort. »Ich habe es auch so gemacht.«

Ich befolgte ihren Rat, denn es war die einzige Lösung. Trotzdem musste ich weinen, so gedemütigt fühlte ich mich.

Sie drückte kurz meine Hand. »Mir geht es doch nicht anders«, sagte sie im Flüsterton, damit wir die anderen in der Zelle nicht störten.

»Wie lange glaubst du denn, dass sie uns hier einsperren?«, fragte ich zum wiederholten Mal, obwohl ich ganz genau wusste, dass auch sie keine Antwort darauf hatte.

Ich hätte mir diese sinnlose Frage verkneifen sollen, denn nun begann sie leise zu weinen. »Wenn ich nur wüsste, was sie mit meinen Kindern gemacht haben. Vielleicht sind sie längst tot. Die Leute, die auf den Straßen wüten, schrecken doch vor nichts zurück. Denen ist es doch egal, ob es kleine, unschuldige Kinder sind – für die sind alle Deutschen Verbrecher.«

»Bestimmt sind sie noch am Leben, und dein Mann kümmert sich um sie«, versuchte ich Irene zu trösten. »Oder sie sind in ein Heim gebracht worden.«

»Den Heinz haben sie doch verhaftet. Sicher ist er in irgendein Lager gekommen oder nach Sibirien.«

Ganz kurz kam mir in den Sinn, wie unmenschlich meine Landsleute die russischen Gefangenen, die vorübergehend in unserem Bahnhofshotel untergebracht waren, behandelt hatten. Ich sah wieder ihre von Hunger gezeichneten Gesichter vor mir, als sie in die Waggons geprügelt wurden. Nun ging es andersherum, nun waren es deutsche Soldaten, die dieses Schicksal erleiden mussten.

»Ich weiß auch nicht, wo meine Mutter ist«, flüsterte ich zurück. »Sie hat drei kleine Kinder bei sich, die ihr eine Nachbarin anvertraut hat.«

Irene gab darauf keine Antwort. Ich hörte sie nur still weinen, bis sie schließlich eingeschlafen war.

Ich fand in dieser Nacht lange keinen Schlaf. Mit weit aufgerissenen Augen starrte ich zu dem vergitterten Fenster, durch das das bleiche Grau der Nacht kroch. Die Stille und Dunkelheit im Raum verdüsterten alles nur noch mehr. Ich glaubte in diesem Moment erneut, nie wieder die Freiheit zu erleben, für immer hier eingesperrt zu bleiben.

Dann wurde ich von ganz praktischen Überlegungen abgelenkt. Irgendwie musste ich das Blut aus meinem Hemd waschen, aber wir hatten nur eine einzige Schüssel und knapp bemessenes Wasser. Ich kam mir so schmutzig und minderwertig vor. Dazu peinigten mich die Wanzen. Am ganzen Körper war ich mit bläulichen Beulen übersät. Da ich gegen besseres Wissen ständig kratzte, weil ich den Juckreiz einfach nicht mehr aushielt, begannen sie zu eitern, und meine Drüsen schwollen an. Und jetzt auch noch das Elend mit meiner Periode! Die Gedanken schwirrten nur so in meinem Kopf herum, bis ich irgendwann einschlief.

Das Problem mit der Blutung hatte ich zum Glück nur einmal, dann hatte es sich erledigt, denn keine von uns bekam wieder ihre Tage – eine normale Reaktion, die sich bei körperlicher Schwäche einstellt.

Erhalten blieb uns dagegen die stinkende Latrine, die immer erst dann ausgeleert wurde, wenn sie randvoll war. Sie benutzen zu müssen, kostete jedes Mal Überwindung – die einfachen Bauernmädchen ebenso wie die Opernsängerin und die kultivierte Frau Grünwald. Ich versuchte immer schnell mein Hinterteil wegzuziehen, damit ich von der Jauche nicht angespritzt wurde. Es war einfach schrecklich und entwürdigend.

Eines Nachts hörten wir, dass irgendwo in der Nähe des Gefängnisses russische Soldaten feierten. Wir sahen nichts, doch das Grölen der betrunkenen Männer, ihr Lachen und Singen hörten wir ganz deutlich bis zu uns herauf. Darunter mischten sich Wehlaute. Ich konnte mir keinen Reim darauf machen, hatte aber so meine Ahnungen.

Am nächsten Tag erfuhren wir bei unserem Rundgang im Gefängnishof, den wir einmal am Tag machen durften, um frische Luft und Bewegung zu bekommen, Näheres. Als ich eine fremde Frau, die neben mir ging, fragte, ob sie auch das Stöhnen und Schreien gehört hätte, erzählte sie mir, dass die Russen vor ein paar Tagen einige SS-Angehörige, die sich in den Wäldern versteckt hielten, aufgegriffen, im Gefängnishof zusammengetrieben und misshandelt hätten. Woher sie diese Information hatte, weiß ich nicht, aber selbst in Pankratz funktionierte zwischen Häftlingen und Aufsehern der Austausch von Nachrichten und Gerüchten.

Das tägliche Elend

Ende Mai durften wir das Gefängnis zum ersten Mal verlassen. Unter Bewachung wurden wir auf den Wenzelsplatz geführt – zu einem großen Haus mit schöner Fassade und einem herrlichen, mit Marmorplatten gepflasterten Innenhof.

Wir wurden in die unteren Räume des Gebäudes abkommandiert. Hier seien bis vor kurzem junge SS-Leute untergebracht gewesen, wurde hinter vorgehaltener Hand geflüstert. Ob es wirklich stimmte?

Wenn ja, dann hatten sie allen deutschen Ordnungssinn über Bord geworfen, denn wir fanden in den Räumen ein heilloses Durcheinander vor: Auf den Tischen standen Teller mit verschimmelten Essensresten, manche Gerichte waren völlig unberührt. Die jungen Männer, die man zur Elite des Dritten Reichs heranziehen wollte, schienen überstürzt alles stehen und liegen gelassen zu haben. Vielleicht waren aufständische Tschechen direkt in ihre letzte Mahlzeit in Prag geplatzt.

Bevor das Gebäude anderweitig genutzt werden konnte, musste erst einmal Ordnung geschaffen werden, und dazu waren wir jetzt da. Ich war froh, endlich etwas zu tun zu haben, und den anderen Frauen erging es ebenso.

Anfang Juni änderte sich unsere Situation grundlegend, denn wir wurden künftig täglich zur Außenarbeit eingeteilt. Von Milizen bewacht, wurden wir beispielsweise auf ein großes Feld geführt, wo wir Unkraut jäten mussten, oder uns wurden andere Aufgaben zugewiesen, die gerade in der Landwirtschaft anfielen. Wir waren froh, endlich aus dem Gefängnis herauszukommen.

Unsere Bewacher während der Außenarbeiten gingen meist recht freundlich mit uns um und erlaubten uns sogar, zwischendurch Pausen einzulegen, um im Schatten von Bäumen und Hecken eine Weile zu verschnaufen, denn die Arbeit war bei der anhaltenden Hitze, die im Frühsommer 1945 herrschte, ganz schön anstrengend. Obwohl ich die Jüngste war, schmerzte mein Rücken, und über mein erhitztes Gesicht rann der Schweiß. Außerdem verstärkte die schwere körperliche Arbeit noch das Hungergefühl, das uns alle ständig quälte.

Einer der Bewacher, ein junger Tscheche, kaum älter als ich, schien mich zu beobachten. Als wir wieder eine Pause machen durften, setzte er sich neben mich und warf mir einen mitfühlenden Blick zu. Ich saß abseits von den anderen. Plötzlich spürte ich, wie er mir einen kleinen Stoß gab und mir dabei ein Schmalzbrot und ein Ei zuschob.

Ich warf ihm einen ungläubigen Blick zu. Sollte das wirklich für mich sein? Er nickte nur, sprach jedoch kein Wort. Wie gebannt schaute ich auf das Essen, dann griff ich schnell danach, als hätte ich Angst, dass er es mir wieder wegnehmen würde. Gierig verschlang ich die köstliche Gabe. Er lächelte mich an und ging schnell davon, damit niemand etwas bemerkte, denn das hätte unangenehmen Folgen für ihn haben können.

Gegen Abend ging es zurück ins Gefängnis. Die Hitze des Tages stand noch zwischen den Häusermauern, wenn wir durch die Vorstadt marschierten, und die Blätter der wenigen Bäume waren so trocken, dass sie wie Papier raschelten.

Langsam gewöhnten wir uns an dieses Leben, so trostlos es auch sein mochte, aber es war besser, als in der Zelle zu hocken. Sonntags, wenn wir nicht aufs Feld mussten, lenkten wir uns damit ab, dass wir ein Lied nach dem anderen anstimmten. An Ideen mangelte es uns nicht, denn dafür sorgte unsere Opernsängerin Frau Böhmer. Manchmal sang sie auch allein, und wir hörten ihr andächtig zu, wenn sie aus der Oper »Carmen« die Arie »Auf in den Kampf, Torero« schmetterte.

Sie erzählte uns, dass ihr Mann dem Widerstand gegen Hitler angehört hatte. »Aber genützt hat es mir nichts«, bemerkte sie mit einem gequälten Lächeln, und ihr breitflächiges Gesicht schaute bekümmert drein. »Er war Dirigent. Als herauskam, dass er sich einer kommunistischen Widerstandsgruppe angeschlossen hatte, nahm er sich das Leben, bevor die Gestapo vor der Tür stand, um ihn zu verhaften.«

Sie seufzte tief, schaute eine Weile traurig vor sich hin, doch dann straffte sie wieder die vollen Schultern, setzte eine fröhliche Miene auf und fragte uns: »Soll ich euch etwas vorsingen, Mädels?« Sicher war ihre Munterkeit nur gespielt, aber auch dazu gehörte sehr viel Willenskraft und Mut, was sie an uns weitergab.

Allerdings waren solch heitere Stunden selten – dazu litten wir zu sehr unter den Schikanen des Wachpersonals und quälte uns zu sehr die Ungewissheit über die

Zukunft, die Ungewissheit, wie es unseren Angehörigen erging.

Oft unterhielt ich mich lange mit Irene, wenn wir abends auf unserer Pritsche lagen und auf den Schlaf warteten. Sie erzählte mir wieder und wieder von ihrem Mann und ihren Kindern, und ich sprach über meine Großmutter, meine Mutter und meine erste Liebe, über den Schorsch, der gefallen war.

Die meisten von uns konnten nur schlecht und unruhig schlafen. Die beiden Schwestern, die neben uns lagen, wälzten sich ständig ruhelos umher. Wenn sie der Schlaf schließlich übermannte, schreckten sie oft auf oder fantasierten laut vor sich hin – besonders Maria, die schreckliche Angst hatte, schwanger zu sein. Als dann wirklich ihre Periode ausblieb, stand es für sie fest, dass sie das Resultat einer Vergewaltigung austragen musste. »Ich will es nicht haben«, rief sie immer wieder. »Ich will es nicht.«

»Nun warte doch erst mal ab, ob du wirklich schwanger bist«, versuchte Gretel sie zu beruhigen. »Wir bekommen alle unsere Tage nicht mehr.«

Aber Maria ließ sich nicht beruhigen. »Was werden sie zu Hause sagen, wenn ich mit einem Bankert ankomme!«

»Du wirst nicht mehr nach Hause kommen. Schlag dir das aus dem Kopf. Unser Zuhause gibt es nicht mehr. Wir können nicht zurück. Auf unserem Bauernhof werden bald andere Menschen leben. Tschechen, Polen – weiß der Himmel, aber bestimmt keine Deutschen!«

»Wo sind denn eure Eltern?«, fragte Frau Maschke aus Neustadt an der Tafelfichte.

»Wir haben sie auf der Flucht verloren«, antwortete Gretel und blickte starr auf den schmutzigen Boden.

»Sie sind sicherlich tot. Wir haben alles verloren, alles!«, schrie Maria hysterisch.

»Sei ruhig, Maria. Wir haben alle unser Schicksal, nicht nur du, und alle müssen wir irgendwie durch«, meinte Frau Böhmer, die Opernsängerin, ungehalten.

»Alles ist nur eine Sache der Selbstdisziplin«, warf die feine Frau Grünwald ein. »Der Hunger, die Gefangenschaft, die Schikanen. Wenn man es nur will, dann lassen sich selbst die ärgsten Demütigungen ertragen.«

»Wie können Sie nur so reden«, begehrte Maria heftig auf. »Sie scheinen nicht wirklich Schlimmes mitgemacht zu haben.«

Ich mischte mich nicht in das Streitgespräch ein, doch insgeheim musste ich Maria recht geben. Konnte ein junges Mädchen eine brutale Vergewaltigung, die zudem noch mit einer Schwangerschaft endete, wirklich so einfach ertragen?

»Wissen Sie eigentlich, wie es mir ergangen ist?«, meldete sich eine Frau aus Saarbrücken zu Wort, die bisher kaum eine Silbe gesprochen hatte. »Meine beiden Kinder sind tot. Was mit meinem Mann ist, weiß ich nicht. Vielleicht lebt er auch nicht mehr. Ich sollte ebenfalls tot sein, aber es hat nicht geklappt. Ja, wir waren Nationalsozialisten, und ich leugne das nicht. Als mein Mann verhaftet wurde, wollte ich mir mit meiner Schwester das Leben nehmen, die Kinder sollten mit. Wir schnitten den Kindern, nachdem wir ihnen Schlaftabletten gegeben hatten, die Pulsadern auf. Die Kinder verbluteten schnell, aber meine Schwester und ich wurden gerettet, weil plötzlich noch einmal Polizei in unsere Wohnung stürmte.«

Alle starrten wir die große, schöne Frau mit den seltsam schillernden grünen Augen an. Sie hielt unseren Blicken stand, obwohl sie darin Ablehnung und Befremden erkennen musste. Für uns war sie fortan nur noch die »Kindsmörderin« und wurde von allen geschnitten. Besonders Irene, die ihre Kinder so vermisste, konnte nicht begreifen, wie eine Mutter zu solch einer Tat fähig sein konnte.

Im Grunde aber war jeder mit sich selbst beschäftigt. Für mich waren die Läuse und Wanzen das Schlimmste, denn ich wurde von allen am stärksten von dem Ungeziefer geplagt. Die Wanzen ließen sich nach Anbruch der Dunkelheit von der Decke fallen und saugten sich dann am Körper fest.

»Kann ich vielleicht eine Zahnbürste bekommen?«, wagte Mathilde, eine der Krankenschwestern aus dem Lazarett, eine Wärterin zu fragen. Aber sie hatte dummerweise ausgerechnet jene gefragt, die uns gleich am ersten Tag so viel Angst eingejagt hatte. Jetzt schlug sie mit einer Peitsche, die sie immer bei sich trug, in Mathildes Richtung. »Du brauchst keine Zahnbürste mehr! Ich habe es euch doch schon gesagt, dass es mit euch bald zu Ende ist, ihr deutschen Schweine!«

Am nächsten Tag, als wir beim Austeilen der Suppe anstanden, wurden wir von einer anderen Wärterin beaufsichtigt. Wir hatten sie noch nie gesehen, merkten aber sogleich, dass die Frau, obwohl sie Jüdin war, wie wir später erfuhren, uns nicht so hasserfüllt entgegentrat wie manch andere. Sie war sehr hübsch, hatte dunkelbraune Augen und blondes Haar. Als ich an der Reihe war, warf sie mir einen raschen Blick zu und befahl dem Küchenjungen, mir zwei Schöpfkellen in den Napf zu geben, obwohl jedem nur eine einzige zustand. Ich bekam feuchte Augen und schickte der freundlichen Aufseherin einen dankbaren Blick zu. Es tat mir so unendlich gut, wieder einmal eine menschliche Behandlung zu erfahren. Doch obwohl ich ab und zu Glück hatte und vermutlich aufgrund meines fast noch kindlichen Aussehens etwas mehr abbekam als die anderen, quälte mich der Hunger vor allem nachts so sehr, dass ich vor Magenschmerzen nicht einschlafen konnte. Dann weinte ich leise nach meiner Mutter, von deren Verbleib ich nichts wusste.

Anfangs war ich überzeugt, dass sie mit den Kindern ebenfalls in diesem Gefängnis war, in einem anderen Stockwerk, einem anderen Trakt vielleicht. Das Gebäude war schließlich riesengroß. Nachdem ich sie aber nie beim Rundgang im Hof gesehen hatte, glaubte ich irgendwann nicht mehr an diese Möglichkeit. Bestimmt hatte man sie und die Kleinen irgendwo anders hingebracht, und der Gedanke, dass sie sich nicht in meiner Nähe aufhielt, machte mich ganz krank. Würde ich sie jemals wiedersehen? Viele Abende weinte ich mich bei solchen Grübeleien in den Schlaf.

Dann dachte ich wieder an Schorsch, meine verlorene Liebe, und an die Großmutter. Was mag wohl aus ihr geworden sein, aus den Nachbarn und den Freunden? Ich war von allen Menschen getrennt, die mir lieb und vertraut waren. Dabei war ich doch erst siebzehn Jahre alt. Tagsüber ließen sich diese Gedanken einigermaßen verdrängen, aber nachts lagen sie wie Zentnerlasten auf meiner Seele.

Begegnung mit der Vergangenheit

Ende des Sommers wurden wir eines Tages auf einen Laster gepfercht und fuhren stadtauswärts. Keiner wusste Genaues, niemand hatte uns Zweck und Ziel dieser Fahrt genannt. Als wir eine knappe Stunde unterwegs waren, erfuhren wir, dass wir auf dem Weg nach Theresienstadt waren.

Ich hörte diesen Namen zum ersten Mal, doch Frau Böhmer wusste Bescheid. »Hier befand sich ein Konzentrationslager für Juden aus der Tschechoslowakei sowie aus Deutschland und Österreich«, klärte sie mich auf. »Der Nazipropaganda diente es als eine Art Vorzeigegetto, das sogar Vertretern des Internationalen Roten Kreuzes gezeigt wurde, um Berichte über Gräueltaten in den Konzentrationslagern zu widerlegen. Für die ausländischen Besucher wurde das Getto herausgeputzt mit Geschäften, Cafés, Theatern, Kinderspielplätzen und was weiß ich noch.« In diesem Lager, erzählte sie weiter, seien auch viele prominente Juden inhaftiert worden, die sich dem schändlichen Täuschungsmanöver der Nazis zur Verfügung stellen mussten. Sogar ein Film wurde über Theresienstadt gedreht, der unter dem zynischen Titel: »Der Führer schenkt den Juden eine Stadt«, weltweit bekannt wurde. Genutzt hat es den angeblich privilegierten Häftlingen nichts, denn für die meisten war Theresienstadt nur eine Durchgangsstation auf dem Weg in die Vernichtungslager. Zehntausende waren schon vorher gestorben, und als die Rote Armee das Lager erreichte, waren nicht mehr viele da, die sie befreien konnte. Aber solche Einzelheiten wusste damals selbst Frau Böhmer nicht.

Ich erschrak fürchterlich, denn unwillkürlich musste ich an die Drohungen der Wärterin denken, mit uns werde das Gleiche passieren, was die Deutschen den Juden angetan hatten. Fuhren wir deshalb nach Theresienstadt?

»Jetzt werden sie uns umbringen«, stammelte ich.

»Nein, das glaube ich nicht«, beruhigte mich die Sängerin. »Sicherlich müssen wir nur aufräumen. Du brauchst keine Angst zu haben.«

Dann kamen wir zu der Festungsanlage und Garnisonsstadt, die Ende des 18. Jahrhunderts vom österreichischen Kaiser Joseph II. erbaut worden war und zu Ehren seiner Mutter, der berühmten Maria Theresia, ihren Namen erhielt. Nach der Errichtung des Protektorats Böhmen und Mähren hatte die Gestapo die »Kleine Festung« als Gefängnis genutzt, in dem vor allem Männer und Frauen des tschechischen Widerstands inhaftiert wurden. Tausende kamen ums Leben oder wurden hingerichtet. Ein paar Jahre später errichtete die Prager SS-Führung in der ehemaligen Garnisonsstadt eine angebliche »jüdische Mustersiedlung«, die in Wahrheit nichts anders war als Teil des gigantischen Vernichtungsapparats, der ganz Europa mit Terror überzog.

Als wir zu der »Kleinen Festung« kamen, sahen wir, dass dort offenbar jetzt Deutsche inhaftiert waren. Vertriebene aus den deutschsprachigen Gebieten, vor allem dem Sudetenland, waren es, die nicht rechtzeitig geflohen waren. Sie hatte das gleiche Schicksal ereilt wie unsere Gruppe aus dem Pankratz-Gefängnis, und bis 1948 würde Theresienstadt als Internierungs- und Durchgangslager für diese Menschen dienen. Doch auch Naziverbrecher warteten hier auf ihre Prozesse.

Wir passierten das Lager und wurden zu einem Magazin geführt, in dem sich Unmengen von Kleidungsstücken sowie Schuhe und Taschen befanden. Unsere Aufgabe war es, diese zu sortieren und in Kisten zu verpacken.

»Mein Gott, so schöne Sachen!«, rief Helene, die Krankenschwester aus Karlsbad, die neben mir am Boden kniete. Sie nahm ein hübsches, rotes Samtkleid in die Hand, stand auf und hielt es sich vor den Körper.

»Na, wie steht mir das, Ursel?«, fragte sie mich lachend. Gerade in diesem Moment kam einer der Wärter zur Tür herein. Als er sah, wie sie sich mit dem schönen Kleid kokett hin und her wiegte, rannte er erbost auf uns zu und schwang dabei drohend seinen Gummiknüppel. Wir waren vor Schreck erstarrt, als uns der Mann zunächst mit einem Schwall tschechischer Worte überschüttete und dann in gutem Deutsch, aber in einem schneidenden Ton fortfuhr: »Das sind die Kleider der Juden, die ihr umgebracht habt!« Er spuckte vor uns auf den Boden und stapfte mit seinen schweren Stiefeln hinaus.

Uns waren das Lachen und die Freude an den schönen Sachen gründlich vergangen. Zutiefst beschämt und betroffen über unsere Unbedachtheit gingen wir wieder an die Arbeit und sprachen kaum mehr ein Wort. Eigentlich hätten wir uns denken können, wem die Sachen einst gehörten und dass ihre Besitzer sie bestimmt nicht freiwillig zurückgelassen hatten. Schließlich hatte Frau Böhmer uns ja die Geschichte von Theresienstadt erzählt. Später erfuhr ich, dass es richtige Sammelstellen für Kleidung, Schmuck und andere Hinterlassenschaften der ermordeten Juden gab. Mich hat es immer geschaudert, wenn ich solche Bilder sah, und musste immer an den Tag in Theresienstadt zurückdenken.

Gelegentlich kam der Wärter herein, der uns gerade erst so deutlich seinen Abscheu gezeigt hatte. Aber offensichtlich war er kein Unmensch – anders als seine Vorgänger von der SS, die hier ihren »Dienst« getan hatten. Sein Blick fiel nämlich plötzlich auf meine nackten Füße, denn seit ich meine Schuhe verloren hatte, musste ich barfuß laufen. Das war im Sommer nicht schlimm gewesen, doch jetzt stand der Winter vor der Tür. Ein Anflug von Mitleid schwang in seiner Stimme, als er mich aufforderte: »Nimm dir ein passendes Paar aus dem Haufen, damit du etwas an den Füßen hast!«

Ich konnte es kaum glauben und wühlte in dem Berg von Schuhen, um ein passendes Paar herauszusuchen. Es waren wunderschöne, elegante Schuhe darunter, und ich war schon versucht, mir ein solches Paar zu nehmen, doch dann musste ich daran denken, was wohl aus der Trägerin geworden war – bestimmt war sie eine vornehme, elegante Dame gewesen. Irgendwie hatte ich das Gefühl, es sei Unrecht, mich an etwas zu erfreuen, was mir gar nicht zustand. Bei den derben braunen Halbschuhen, die ich stattdessen aus dem Stapel zog, stellte sich mir die Frage nach dem Vorbesitzer weniger. Sie waren einfach zweckmäßig und konnten ebenso einer Frau wie einem jungen Mann gehört haben. Außerdem wäre es ohnehin Unsinn gewesen, elegante Schuhe zu wählen, denn die hätten mir im Winter herzlich wenig genützt. Inzwischen hatte ich mich damit abgefunden, dass ich auch noch die kalte Jahreszeit hier bleiben musste.

Am Ende des Tages gab es noch eine riesige Überraschung für uns. Als wir alles bis auf einen kleinen Rest sortiert hatten, tauchte plötzlich wieder unser Bewacher auf und sagte: »Jeder darf sich ein Stück von den übrig gebliebenen Sachen nehmen.« Es war für uns wie Weihnachten!

Da nicht mehr viel auf dem Haufen lag, fingen wir alle schnell an, die Kleidungsstücke zu durchwühlen. Das Meiste kam für uns nicht in Frage, weil es viel zu dünn und unpraktisch für den Gefängnisalltag war. Helene jedoch hatte Glück und ergatterte ein schlichtes dunkelblaues Wollkleid – sie war eben schneller gewesen. Ich entschied mich für ein recht hübsches Bolero aus grüner Wolle, doch auf dem Rückweg dachte ich verärgert, dass ich mit einem solchen Kleidungsstück eigentlich nichts anfangen konnte.

»Ich hätte doch das gelbe Kleid statt des nutzlosen Boleros nehmen sollen«, sagte ich zu Frau Maschke, die neben mir saß.

»Trenn das Bolero auf und strick dir einen Pullover daraus«, riet sie mir. Sie selbst hatte sich einen schönen, grauen Mantel, um den ich sie beneidete, aus dem Stapel gefischt. Um mich zu trösten, bot sie an, mir mit dem Bolero zu helfen. Sie nahm es zur Hand und betrachtete es eingehend.

»Das ist gute Wolle. Wenn du willst, trenn ich es auf, und du strickst dir anschließend einen Pullover.«

»Aber wo bekomme ich Nadeln her?«

»Da wird sich sicher etwas finden. Wo ein Wille ist, ist auch ein Weg!«

Sie hielt das Bolero noch immer in den Händen. »Schau, da wurde ein Name eingestickt.«

»Sara« buchstabierte sie und deutete auf das Monogramm.

Da kamen sie wieder, die Gedanken, wer diese Sara wohl gewesen war. Eine junge Frau oder ein Mädchen in meinem Alter? Fest stand nur, dass sie Jüdin und tot war.

Betroffen wandte ich den Blick von dem grünen Bolero ab, an dem ich mich jetzt endgültig nicht mehr freuen konnte.

In ständiger Angst

Der Tag in Theresienstadt, das dort Gehörte und Gesehene beschäftigten mich eine ganze Weile, doch irgendwann war ich wieder viel zu sehr mit meinem eigenen Elend beschäftigt, um an etwas anderes denken zu können.

Zudem mussten wir kurz darauf miterleben, wie brutal jetzt alle Deutschen behandelt wurden, ohne nach ihrer persönlichen Schuld zu fragen.

Als wir eines Abends von der Arbeit auf den Feldern zurückgebracht wurden, sahen wir, dass sich eine Gruppe betrunkener Russen dem Gefängnis näherte. Unsere Bewacher befahlen uns, auf dem Laster sitzen zu bleiben, bis die Soldaten vorbei waren, und schützten uns vor den Männern, indem sie ihre Maschinengewehre in Anschlag brachten.

Stattdessen suchten die Rotarmisten jetzt nach einer anderen Gelegenheit, sich im Anschluss an ihr ausgiebiges Zechgelage abzureagieren, und stürmten in das Männergefängnis, woran sie zu unserem grenzenlosen Entsetzen niemand hinderte.

Am nächsten Morgen, einem Sonntag, erfuhren wir auf unserem Rundgang im Gefängnishof, was sich am Abend zuvor abgespielt hatte: Nachdem die Russen in das Gefängnis gestürmt waren, griffen sie sich den erstbesten deutschen Häftling, der nicht sicher hinter verschlossener Tür saß, prügelten auf ihn ein und warfen ihn dann vom zweiten Stock über das Geländer hinunter, wobei sie den fallenden Körper als Zielscheibe benutzten. Wir wollten es gar nicht glauben, doch die Frau, die es uns erzählte, beteuerte, sie wisse es aus zuverlässiger Quelle.

Auch in unserer kleinen Gruppe sank die Stimmung in dieser Zeit auf einen Tiefpunkt. Maria war inzwischen ganz sicher, dass sie schwanger war, weil sie sich andauernd übergeben musste. Ihre Übelkeit wurde natürlich durch die katastrophalen hygienischen Verhältnisse, die in unserer Zelle herrschten, noch verstärkt. Auch das ungenießbare Essen bereitete ihr viel mehr Probleme als zuvor – sie brachte das von Maden wimmelnde Dörrgemüse einfach nicht mehr hinunter und nahm von Tag zu Tag ab. Doch von den Aufsehern dachte niemand daran, sie in die Krankenabteilung zu bringen.

Dann bekam die Frau aus Saarbrücken, die wir heimlich die »Kindsmörderin« nannten, akuten Magen- und Darmkatarrh, wahrscheinlich aufgrund einer Infektion. Sie erhielt täglich ein Pülverchen, das jedoch keinerlei Wirkung zeigte. Ihr Zustand verschlechterte sich zunehmend, doch sie ertrug ihre Krankheit ergeben und schweigend. Nur nachts wimmerte sie manchmal vor Schmerzen und wand sich in Krämpfen. Trotz ihrer elenden Verfassung hatte kaum jemand von uns ein mitleidiges Wort für sie.

Ich muss gestehen, dass wir uns in dieser Situation sehr unbarmherzig verhielten. Immerhin büßte sie mit jedem Tag, den sie lebte, für ihre schreckliche Tat. Sie kam irgendwann in die Krankenstation und starb bald darauf, wie wir erfuhren. Jetzt hatte sie endlich ihr Ziel erreicht.

Noch immer lag das grüne Bolero unberührt in der Zelle, denn bislang war es nicht gelungen, Stricknadeln aufzutreiben. Schließlich kam mir der Zufall zur Hilfe.

Den ganzen Sommer über hatte ich bei der Feldarbeit den jungen Tschechen, der mir das Schmalzbrot zugeschoben hatte, nicht mehr gesehen. Dann war er eines Tages wieder da und richtete es so ein, dass er sich in meiner Nähe aufhielt. Als er mir während einer Pause erneut ein Brot zusteckte, nutzte ich die Gelegenheit und wagte, eine Bitte zu äußern.

»Holz, ich brauche Holz«, flüsterte ich ihm zu. »Für Stricknadeln. Ich möchte mir einen Pullover stricken. Ich habe nichts Warmes, wenn der Winter kommt.«

Ich bewegte meine Hände so, als würde ich stricken. Der junge Aufseher verstand mich nach einer Weile, doch er gab mir mit keinem Wort und keinem Blick zu verstehen, dass er mir helfen würde. Am Abend dann, als wir uns alle für die Rückkehr sammelten, drückte er mir zwei spitz zulaufende Holzstäbe in die Hand. Er hatte mir tatsächlich während des Nachmittags aus einem dünnen Ast zwei Nadeln geschnitzt! Ich war ihm so dankbar, dass ich heimlich seine Hand drückte. Ich sah ihn nie wieder und hoffte nur inständig, dass er meinetwegen keine Probleme bekommen hatte.

Jetzt konnten wir endlich die Umwandlung des Boleros in Angriff nehmen. Geschickt zog Frau Maschke Reihe um Reihe der gestrickten Wolle auf, und anschließend strickte ich jeden Abend, bis mir die Augen zufielen. Langsam nahm der Pullover Gestalt an – es war kaum zu glauben, aber die groben Nadeln funktionierten tatsächlich. Der Winter konnte kommen.

Noch aber war es nicht so weit. Der Sommer ging zwar seinem Ende entgegen, aber das Wetter war meist warm und schön.

An einem solchen Tag wurde ich mit einigen anderen Frauen zu einem großen Gutshof gefahren, wo wir aufräumen und putzen sollten – für uns eine willkommene Abwechslung von der Feldarbeit. Das Anwesen lag in einer Mulde, eingebettet von grünen Wiesen und golden schimmernden Kornfeldern. Um das Hauptgebäude herum standen knorrige alte Kastanienbäume. Der Wind spielte in den Blättern und strich sanft über das weiche, hohe Gras. Doch es war ein trügerischer Friede, der uns hier empfing.

Das Herrenhaus schien menschenleer zu sein. Wir fanden es in einem ziemlich verwahrlosten Zustand vor. Als wir gerade mit Aufräumen beginnen wollten, befahl uns einer der Aufseher, dass wir erst die Schlafräume der russischen Soldaten in Ordnung bringen müssten.

Wir erschraken. Russen – damit hatten wir nicht gerechnet, und zu allem Überfluss ließen uns die Tschechen auch noch allein hier und fuhren nach Prag zurück. Irgendwie sahen wir sie inzwischen als unsere Beschützer an.

»Wenn in dem Haus wirklich Russen sind, dann gnade uns Gott«, bemerkte eine der Frauen mit versteinertem Gesicht.

»Ich gehe da nicht hinein«, wehrte sich Helene, doch eine ältere Frau gab ihr zu verstehen, dass sie gar keine Wahl hätte, sonst würde es Ärger mit unseren Aufsehern geben.

Als Helene sich weiterhin weigerte, packte die Frau sie grob beim Arm. »Die werden uns schon nichts tun. Gefährlich sind sie nur, wenn sie betrunken sind.«

Sicher hatte sie ebenso viel Angst wie wir jungen Mädchen, aber sie schickte sich in das Unvermeidliche. Vielleicht fühlte sie sich auch aufgrund ihres Alters sicherer vor dem Zugriff der Soldaten.

Widerwillig gingen wir also zu dem Gesindehaus hinüber, wo sich die Schlafräume befanden. Unsere Angst wuchs, als wir die Soldaten in ihren Betten liegen sahen. Einige schliefen noch, andere waren wach und musterten uns mit unverhohlenem Interesse.

Während ich den Boden wischte, hob ich kein einziges Mal den Kopf und zitterte wie Espenlaub. Jeden Moment rechnete ich damit, dass einer der Russen über mich herfiel. Doch sie taten uns nichts, zumindest noch nicht. Wir atmeten auf, als wir fertig waren und ins Herrenhaus gehen konnten. Während wir dort die Räume in Ordnung brachten, eilten wir immer wieder zum Fenster, um nachzusehen, ob die Russen kamen, aber alles blieb ruhig. Zu unserer grenzenlosen Erleichterung hörten wir etwas später, dass sie den Gutshof mit ihren Fahrzeugen verließen. Erst jetzt atmeten wir auf, und erst jetzt konnten wir anständig arbeiten, wenngleich unsere Hände unverändert zitterten.

Wir verteilten uns in Zweiergruppen in dem riesigen Gebäude. Helene und ich putzten den hinteren Teil des Erdgeschosses, in dem sich eine Küche, eine Speisekammer und ein großes Esszimmer befanden. Helene war noch in der Küche beschäftigt, als ich mich schon ins Esszimmer begab. Dort herrschte ein heilloses Durcheinander. Auf dem langen Tisch standen die Essensreste vom Vorabend. Ich sah, dass an den Geflügelknochen viel Fleisch übrig geblieben war. Wie lange hatte ich kein Fleisch mehr gegessen! Ekel und Hunger begannen in mir einen wilden Kampf zu führen, während ich wie gebannt auf die abgenagten Knochen starrte.

Gestern Abend hatte es wieder einmal nur »Stacheldraht« gegeben, und ich hatte dieses mit Maden gespickte Dörrgemüse einfach nicht heruntergebracht. Umso größer war jetzt mein Hunger, und meine Gier nach Essen gewann die Oberhand über allen Ekel und alles Schamgefühl. Während ich das Fleisch hinunterschlang, versuchte ich an nichts zu denken und bemerkte auch nicht Helene, die zur Tür hereinkam. Bei ihrem Anblick wurde ich über und über rot, aber Helene überlegte nicht lange, packte sich gleich eine Keule und begann sie gierig abzunagen.

Am späten Nachmittag hörten wir dann, wie die russischen Soldaten zurückkamen. Inzwischen hatten sie eindeutig dem Alkohol zugesprochen, denn lärmend torkelten sie auf dem Hof herum. Blankes Entsetzen überfiel uns aufs Neue, noch viel stärker als am Morgen. Kein Aufseher schützte uns heute. Wo waren bloß die Milizen, die uns sonst auf Schritt und Tritt bewachten? Alle ihre Schikanen wären besser als das, was uns hier wahrscheinlich erwartete.

»Jetzt ist es um uns geschehen«, flüsterte Helene mir zu. »Wo sind nur die anderen?« Wir wussten nicht, wo im Haus sich die anderen Frauen befanden. Den ganzen Tag über hatten wir sie nicht gesehen.

»Glaubst du wirklich, dass sie uns jetzt vergewaltigen?« Ich bebte vor Angst am ganzen Körper.

Helene gab keine Antwort, doch ihr kreidebleiches Gesicht sagte mehr als alle Worte. Wir flohen aus dem Esszimmer, weil wir davon ausgingen, dass sie ihr Zechgelage hier fortsetzen würden. Und tatsächlich gingen nur die wenigsten zu dem ehemaligen Gesindehaus hinüber, die meisten steuerten auf das Herrenhaus zu.

Voller Panik überlegten wir, wohin wir uns retten könnten, als wir in einer dunklen Ecke des Flurs eine Tür entdeckten. Sie führte in eine kleine Kammer, die ziemlich leer aussah. Vor allem wurden hier keine alkoholischen Getränke gelagert – die befanden sich vermutlich im Keller. Wir hörten die schweren Schritte der Soldaten ganz deutlich. Durch den Türspalt sah ich, dass einer von ihnen schwankend den langen Flur entlangkam. In der Hand hielt er eine Wodkaflasche, aus der er immer wieder einen Schluck nahm. Er stieß jede einzelne Tür auf und schaute hinein. Für uns stand fest, dass er uns suchte.

»Da hinein«, flüsterte ich Helene zu, und wir schlüpften in eine Art Besenschrank, der bis auf eine kleine Schaufel und ein paar Putzlumpen leer war. Wir zogen die Tür hinter uns zu und wagten kaum zu atmen. Wir kauerten uns zusammen und drückten fest unsere Hände.

Da hörten wir, wie der Soldat die Tür zur Kammer aufstieß. »Frau, komm her!«, lallte er dabei. Die Furcht, ihm in die Hände zu fallen, raubte uns beinahe den Verstand. Wenn er merkte, dass wir uns im Schrank versteckten, waren wir verloren, dann würden sicher auch die anderen kommen, und dann gnade uns Gott!

»Frau, komm her!«, rief er erneut. Das war offenbar der einzige Satz, den er auf Deutsch konnte, und der wichtigste für ihn. Wie oft er das wohl schon gerufen, wie viele Frauen er schon vergewaltigt hatte, dachte ich, während mir die Angst das Herz abschnürte.

Er fand uns nicht. Er torkelte wieder hinaus und stieß dabei einen Schwall bedrohlich klingender russischer Worte aus. Doch die Gefahr war deshalb noch lange nicht gebannt, denn nicht weit von uns saßen im Esszimmer die anderen und schütteten Unmengen hochprozentigen Alkohols in sich hinein. Bestimmt würde bald einer von ihnen auf die Idee kommen, nach einer Frau zu suchen, denn sie wussten ja, dass welche im Haus waren.

»Wir müssen von hier weg«, flüsterte Helene mir zu. »Vielleicht können wir durch das Küchenfenster entkommen«, schlug ich leise vor.

Aber wir wagten es einfach nicht, die Besenkammer zu verlassen. Dann, nach einer Stunde, kam endlich die Erlösung. Wir hörten, dass Lastautos in den Hof fuhren, und trauten uns endlich, unser Versteck zu verlassen. Es war schon eine Ironie des Schicksals, dass wir in diesem Moment unendlich froh waren, jene Männer zu sehen, die uns die erste Zeit so sehr drangsaliert hatten. Hauptsache, wir waren noch einmal davongekommen.

Irene, die einer Putzkolonne auf einem anderen Gut zugeteilt worden war, hatte dieses Glück nicht gehabt. Als sie an diesem Tag eine halbe Stunde nach uns auf den Lastwagen gekrochen kam, wirkte sie völlig verstörte und wurde von heftigen Weinkrämpfen geschüttelt, obwohl kein Wort über ihre Lippen kam.

Erst am Abend, als wir auf unserer Pritsche lagen, zeigte sie mir die Blutergüsse und die blauen Flecken, die ihr ein Russe zugefügt hatte. Sie war von ihm im Laufe des Tages mehrmals brutal vergewaltigt worden.

Seltene Lichtblicke

Doch es gab bei allem Unglück um uns herum auch immer wieder Erlebnisse, die uns halfen, den Glauben an das Gute im Menschen nicht ganz zu verlieren.

Ein paar Wochen nach dem Vorfall auf dem Gut wurden wir zu einer Villa am Stadtrand gefahren. Wenngleich auch hier das inzwischen gewohnte Chaos herrschte, war zu erkennen, dass in diesen Räumen einmal sehr kultivierte Leute gewohnt haben mussten. In der Bibliothek sah ich viele deutsche Bücher, die großen Klassiker, aber auch wissenschaftliche Abhandlungen und Bücher über Kunst und Musik. Spontan dachte ich, dass hier Deutsche gelebt haben mussten, die aus ihrem Haus gejagt worden waren. Ich hatte damals keine Ahnung, dass es wohl eher das Haus einer jüdischen Familie gewesen sein dürfte, die von den Nazis ins Konzentrationslager geschickt worden war. Prag hatte einst eine große jüdische Gemeinde gehabt, darunter viele Intellektuelle, Künstler und Literaten, die sich der deutschen Kultur sehr verbunden fühlten und zumeist überwiegend deutsch sprachen.

An diesem Tag in der Villa erinnerten mich die Hinweise auf Deutschland jedoch nur an mein Unglück, an mein Heimweh und meine Sehnsucht nach zu Hause. Ich wusste nach wie vor nichts von meiner Mutter und den Kindern, nichts von der Großmutter, und die anderen würden sich die gleichen Sorgen machen. Ich war der Verzweiflung nahe. Wenn ich doch wenigstens meiner Oma ein Lebenszeichen schicken könnte.

Der uns zugeteilte Aufseher war neu, wir hatten ihn nie zuvor gesehen. Er schien nicht zu den Garden mit den roten Armbinden zu gehören und machte einen gepflegten und gebildeten Eindruck. Er gab uns klare Anweisungen, behandelte uns dabei korrekt, ohne Anschreien oder Androhung von Prügel, wie wir das bei einigen der anderen Wärter oftmals erleben mussten.

Als ich in dem eleganten, in Grün gehaltenen Salon für einige Minuten ganz versunken ein wunderschönes Gemälde betrachtete, das ein liebliches Mädchen darstellte, kam der merkwürdige Aufseher herein, ohne dass ich ihn bemerkte. »Gefällt Ihnen das Bild?«, fragte er in einwandfreiem Deutsch.

Ich zuckte zusammen und drehte mich um, doch zu meiner Erleichterung sah ich, dass er mich anlächelte. »Ja«, bekannte ich aufatmend. »Es ist sehr schön. Dieses ganze Haus ist überwältigend. All diese kostbaren Möbel! Ich würde gerne wissen, wer hier gelebt hat.«

»Ich weiß es nicht«, erwiderte er, während er seine randlose Brille zurechtrückte. »Wer auch immer, es waren kultivierte Leute, die nicht nur Geschmack, sondern bestimmt auch Anstand hatten. Dinge, wie sie in den letzten Jahren passiert sind und heute mit umgekehrten Vorzeichen erneut passieren, wären ihnen sicher zuwider gewesen. Vielleicht haben sie es mit dem Leben bezahlt. Es war eine schreckliche Zeit, aber ich schäme mich auch, was gerade jetzt in diesem Land geschieht. Nicht alle Deutschen darf man für die Verbrechen der Nazis und der SS verantwortlich machen.

Ich habe in Berlin studiert, wissen Sie, und hatte viele deutsche Freunde.«

Ich blickte zu Boden, weil ich nicht wusste, was ich darauf antworten sollte, denn solche Worte hatte ich nicht aus dem Mund eines Tschechen erwartet.

»Bei dem Bild handelt es sich übrigens um eine sehr wertvolle und gelungene Kopie eines Gemäldes von Renoir«, klärte er mich auf. »Es ist das Bildnis der Miss Misia Edwards. Einen echten Renoir konnte sich selbst der reiche Mann, der hier gewohnt hat, nicht leisten«, fügte er leicht spöttisch hinzu.

Ich hob den Kopf und sah den Aufseher dankbar an, der mich wie seinesgleichen behandelte und nicht wie eine verhasste Deutsche.

»Haben Sie schon einmal etwas von Renoir gehört?«

Ich schüttelte den Kopf und fuhr fort, den Teppich mit Seifenschaum zu reinigen.

»Sie können sich das Bild ruhig noch einmal ansehen«, forderte er mich mit gutmütiger Nachsicht auf.

Ich glaubte gehorchen zu müssen, erhob mich und betrachtete erneut das beeindruckende Ölgemälde, während der Mann, der ein Kunstkenner sein musste, mich über Renoir und den französischen Impressionismus aufklärte. Ich muss zugeben, dass seine Ausführungen meinen Horizont sowie mein Interesse bei Weitem überstiegen, denn sie schienen mir so meilenweit entfernt von meinen quälenden alltäglichen Sorgen.

Plötzlich begann ich haltlos zu weinen. Es war mir, als ob meine Nerven, die monatelang halbwegs mitgespielt hatten, von einer Minute zur anderen versagten. Und das ausgerechnet in einer Situation, die eigentlich gar keine Veranlassung dazu bot. Obwohl ich mich deswegen schämte, flossen meine Tränen ohne Unterlass. Ich war machtlos dagegen.

Der Mann warf mir einen besorgten Blick zu. »Was ist denn los?«, fragte er mich. »Habe ich etwas Falsches gesagt?«

Ich schüttelte den Kopf, doch mein Schluchzen wurde nur noch heftiger.

»Nun ist es aber gut, mein Kind«, sagte er zu mir. »Was ist denn plötzlich los?«

Da brach es mit einem Mal aus mir heraus. Ich überhäufte den fremden Mann, zu dem ich Vertrauen gefasst hatte, geradezu mit allen meinen Ängsten und Sorgen. Und ich nahm allen meinen Mut zusammen und bat ihn, einen Brief an meine Großmutter schreiben zu dürfen.

Er drehte sich um, betrachtete mich eine Weile nachdenklich und ging dann hinaus. Ich glaubte schon, dass er meine Bitte einfach ignorieren würde, doch nach einer Viertelstunde kam er mit Briefpapier und einem Bleistift zurück. »Hier«, sagte er und reichte mir die Schreibutensilien. »Du kannst deiner Großmutter schreiben, dass du am Leben bist. Sag mir dann die Adresse, und ich werde den Brief korrekt adressieren, sonst geht er nicht durch.«

»Das werde ich Ihnen nie vergessen«, stammelte ich, und erneut flossen meine Tränen, doch diesmal waren es Tränen der Dankbarkeit und der Freude.

Als ich am Abend wieder in unserer Zelle war, erzählte ich Irene von dem netten Aufseher, der mir erlaubt hatte, einen Brief an die Großmutter zu schreiben. »Und stell dir vor«, fügte ich ganz glücklich hinzu, »er hat ihn eigenhändig in Tschechisch adressiert und gibt ihn für mich auf. Da bekommt sie ihn ganz sicher.«

»Da sitzt du in einer Nobelvilla an einem Schreibtisch aus Mahagoniholz und schreibst einen Brief«, sagte Irene im Tonfall gutmütigen Spotts, »während ich am Bahnhof verschissene Gleise putzen musste.«

Wir lachten beide, und ich hatte mich schon lange nicht mehr so erleichtert und hoffnungsvoll gefühlt.

Das lange Warten

Mittlerweile hatten wir September, und die Tage waren deutlich kürzer geworden. Wenn wir jetzt abends ins Gefängnis zurückgebracht wurden, war es bereits dunkel.

Bei einer solchen Fahrt sah ich zum ersten Mal die Stadt in heller Beleuchtung unter mir, als wir uns ihr von den Hügeln her näherten.

Dass die Hölle so schön sein konnte, dachte ich. In der Moldau spiegelte sich der Mond, und in seinem Schatten schaukelten ein paar Boote. Liebespaare schlenderten in der lauen Abendluft am Ufer entlang, und von irgendwoher erklang leise Musik. Seit vielen Jahren erlebte ich wieder eine beleuchtete Stadt, denn während des Krieges hatte es ja die Vorschrift gegeben, alles zu verdunkeln. Und jetzt dieser Lichterglanz! Obwohl er sicher so kurz nach Kriegsende, als noch Energie gespart werden musste, eher bescheiden gewesen sein dürfte, empfand ich den Anblick als überwältigend, und er erfüllte mich mit solcher Lebensfreude, dass ich am liebsten davongelaufen wäre, hinein in das lebendige Treiben.

Doch es war nur ein flüchtiger Impuls gewesen, denn schnell holte mich die Realität ein. Ich war zwar in Prag, aber im Gefängnis, und würde dort bleiben, bis man mir erlaubte, heimzukehren in mein altes

Leben. Ich musste also weiter beten und hoffen, dass die Tschechen endlich einsahen, dass ich ein völlig unschuldiges junges Mädchen war, das noch nie im Leben irgendjemandem ein Leid angetan hatte.

»Schön ist die Stadt, nicht wahr«, bemerkte Helene. »Wie gerne würde ich mich jetzt amüsieren und tanzen. Ob uns das noch einmal im Leben vergönnt sein wird?« Sie strich sich eine Strähne ihres blonden Haares aus der Stirn, und ihr Blick schweifte sehnsüchtig über den Fluss zu einem erleuchteten Lokal am anderen Ufer.

»Wir müssen nur ganz fest daran glauben. Schließlich haben wir doch nichts verbrochen«, erwiderte ich und bekam feuchte Augen. Warum geschah mir ein solches Unrecht? Ich verfluchte diesen Krieg, der mir meine Liebe, meine Freiheit und Jugend geraubt hatte.

Frau Grünwald zerstörte den Zauber des Bildes, in das wir uns gerade hineingeträumt hatten.

»Gestern soll am Bahnhof eine junge Frau erschlagen worden sein. Als sie schon blutüberströmt am Boden lag, sei weiter auf sie eingetrampelt worden, hat man mir erzählt.«

Wir waren entsetzt, denn irgendwie hatten wir geglaubt, dass der Terror auf der Straße inzwischen zu Ende war. Die Stadt hatte plötzlich erneut allen Glanz für mich verloren.

»Ich hasse diese Leute, die das tun«, flüsterte Helene mir zu.

»Es gibt auch andere«, sagte ich. »Denk an den, der mir seine Brote gegeben hat. Der ist nicht so wie die auf der Straße. Es gibt eben in jedem Volk gute und böse Menschen. Noch vor kurzer Zeit hättest du nicht geglaubt, was wir hier über die Untaten von Deutschen gehört haben, oder?«

Helene schüttelte betroffen den Kopf.

»Und nimm unsere Lieblingswärterin – hat die uns nicht immer anständig behandelt?«

Jetzt lachte Helene, und die trübe Stimmung schwand.

»Weil du es gerade sagst: Ich freue mich schon so auf unseren Schweinefraß«, scherzte sie. »Heute hat es den ganzen Tag wieder einmal keinen Bissen gegeben. Die winzige Scheibe Brot mittags kannst du doch vergessen. Du glaubst nicht, wie ich mich nach den abgenagten Geflügelknochen der Russen sehne«, fügte sie in sarkastischem Tonfall hinzu.

Wir hofften, dass es statt des ekligen Dörrgemüses Suppe geben würde. Diese bestand manchmal aus Kartoffeln, manchmal nur aus warmem Wasser und etwas Kleie darin. Sie war zwar dünn und schmeckte nach nichts, doch alles war besser als Maden mit Gemüse. Wenn wir Glück hatten, dann gab es heute Kartoffelsuppe, und wenn ich besonders viel Glück hatte, dann gelang es mir, mich ganz hinten anzustellen, denn zum Schluss war die Suppe am dicksten.

Als wir uns an diesem Abend Pankratz näherten, bemerkten wir ungewöhnlich viele Menschen auf den Straßen, und in der Gegend um das Gerichtsgebäude war kein Durchkommen mehr. Auch vor dem Gefängnistor drängten sich die Menschen; Jugendliche standen auf Autodächern und reckten neugierig die Köpfe.

Wir hatten keine Ahnung, was los war, würden es aber bald erfahren. Als wir in unserer Zelle ankamen, hörten wir vom Hof herauf nicht enden wollenden Applaus. Wir eilten zu den vergitterten Fenstern und sahen drei Galgen, die auf einem schwarz verhängten Podium aufgebaut worden waren. An einem der Galgen hing ein Mann. Am nächsten Tag sickerte zu uns durch, wer er war: Josef Pfitzner, Sudetendeutscher und Professor für osteuropäische Geschichte, der nach dem Einmarsch von Hitlers Truppen zum zweiten Bürgermeister von Prag ernannt worden war und an der Seite der SS maßgeblich an der Deportation der Juden mitgewirkt hatte. In den nächsten Tagen folgten weitere Hinrichtungen von SS-Leuten, deren Namen wir jedoch nicht erfuhren.

Nach diesen Ereignissen kehrte wieder Ruhe ein in Pankratz. Eine Zeit lang mussten wir noch auf den Feldern arbeiten, doch dann waren sie abgeerntet und umgepflügt, und es gab draußen nichts mehr zu tun. Zunehmend wurde es kühler, und dichter Nebel hüllte die Gebäude ein. Der blaue Prager Himmel verdüsterte sich, die Stadt wurde grau und kalt. Regen klatschte an die vergitterten Fenster unserer Zelle, sodass ich kaum mehr den Kirchturm mit dem goldenen Kreuz erkennen konnte, der für mich ein Stück Zuversicht und Hoffnung bedeutete. Das schlechte Wetter drückte auch auf unser Gemüt, und es schien, als ob das ganze Elend, an das wir uns mittlerweile ein wenig gewöhnt hatten, plötzlich erneut nicht mehr zu ertragen wäre.

»Ich will zurück nach Berlin«, jammerte Frau Böhmer, die noch vor wenigen Wochen heitere Operettenmelodien oder Lieder geträllert hatte.

»Was wollen Sie denn in Berlin?«, bemerkte Frau

Grünwald trocken. »Berlin liegt in Schutt und Asche, wie man hört.«

Die Schwestern aus Oberschlesien wurden nachts wieder verstärkt von Albträumen geplagt und schrien im Schlaf, besonders die schwangere Maria. Sie würden wohl die schrecklichen Erlebnisse der Flucht nie vergessen können.

Das einzig Positive in dieser Zeit war eine Verbesserung der hygienischen Verhältnisse. Seitdem im Gefängnis Flecktyphus ausgebrochen war, dem auch ein Wärter zum Opfer fiel, achtete man mehr auf Sauberkeit – so erhielten wir beispielsweise Seife und Toilettenpapier, wenngleich wir nach wie vor die eklige Latrine benutzen mussten.

Langsam, aber sicher wurde es ungemütlich kalt, denn die Zentralheizung funktionierte nur zeitweise. Aus diesem Grund war ich froh, dass mein grüner Pullover inzwischen fertig war und mich wenigstens etwas wärmte.

Jetzt, da wir mehr Zeit in den Zellen verbrachten, kehrten auch die Grübeleien zurück. Wenn ich mit Irene auf der Pritsche hockte, kannten wir kein anderes Thema. Während ich auf einen Antwortbrief meiner Großmutter wartete, schien sie alle Hoffnung aufgegeben zu haben. Ihre Augen hatten allen Glanz verloren. »Wahrscheinlich vegetieren meine Kinder in irgendeinem Heim dahin und sterben«, meinte sie verzweifelt.

»Nein, ganz sicher nicht«, versuchte ich ihr immer wieder Mut zu machen. »Es wird ihnen schon nichts geschehen. Sicherlich wirst du sie finden, wenn wir hier rauskommen.«

»Ja, wenn wir rauskommen«, sagte sie dumpf und ausdruckslos. »Ich kann nicht mehr daran glauben.«

Wir starrten in das Dämmerlicht der Zelle, die nur von einer einzigen Glühbirne sparsam beleuchtet wurde. Manchmal war das ganz gut, denn es vermittelte einem ein bisschen das Gefühl, nicht ständig unter Beobachtung zu stehen. Und es war auch besser, den anderen hoffnungslosen Gestalten nicht immer ins Gesicht blicken zu müssen. Im Grunde war es inzwischen so weit, dass jede nur noch mit sich selbst beschäftigt war und durch die Leidensgenossinnen hindurchschaute, als wären sie gar nicht vorhanden. Die Gedanken reisten weit, weit weg in die Vergangenheit, zurück in die Heimat, zu der Familie, oder sie eilten sehnsüchtig voraus in eine bessere Zukunft, in die Freiheit.

Allein Frau Maschke schien durch nichts zu beirren zu sein – sie blieb immer die Gleiche. »Bei uns in Neustadt an der Tafelfichte«, leitete sie das Gespräch wieder einmal ein, »haben wir einen wunderschönen Marktplatz mit Holzlauben. Unter den Lauben saßen wir Hausfrauen immer und strickten. Mein Gott, was habe ich für schöne Sachen gestrickt! Und musste alles zurücklassen! Aber die Sachen werden schon noch da sein, wenn ich wieder heimkomme.«

Irene und ich warfen uns einen bedeutungsvollen Blick zu. Doch was man auch immer darüber denken mochte – Frau Maschke fiel es mit ihrem schlichten Gemüt bestimmt am leichtesten, mit ihrem Schicksal fertig zu werden.

Nachdem die Arbeiten im Freien beendet waren, wurden wir zu irgendwelchen Putzaktionen eingeteilt.

Besonders unbeliebt waren Bahnhöfe, wo wir Waggons und Gleise reinigen mussten. Mir war ein solcher Einsatz bisher erspart geblieben, aber Irene hatte mir schon mehr als genug davon erzählt, denn die Waggons hatten russischen Soldaten als Notunterkünfte gedient, und die Gleise hatten sie als Latrinen benutzt.

Zu allem Unglück war uns bei diesen Einsätzen meist ein Aufseher der übelsten Sorte zugeteilt, der sofort mit dem Gummiknüppel ankam, wenn eine der Frauen nicht mit der erwünschten Begeisterung an die Arbeit ging. Obwohl es über alle Maßen eklig war, sah ich schnell ein, dass es keinen Sinn hatte, sich zu weigern. Auch solch ein Tag würde vorübergehen.

Einmal wurden wir überhaupt nicht aus der Zelle herausgeholt, und obwohl unsere Arbeitseinsätze nicht ganz so regelmäßig waren wie im Sommer, spürten wir, dass etwas im Busch war. Wir waren uns zwar keiner Schuld bewusst, doch in Gefangenschaft gewöhnt man es sich an, immer ein schlechtes Gewissen und Angst vor Bestrafung zu haben.

»Warum müssen wir heute in der Zelle bleiben?«, fragte mich Irene leise.

Ich zuckte mit den Schultern. Mir war genauso unwohl wie meiner Freundin. Dann hörten wir plötzlich Schritte im Flur und das Rasseln der vielen Schlüssel. Wir lauschten angespannt und blickten voller Furcht zur Tür.

»Das ist der Pavlovic«, raunte Irene mir zu. »Ich kenne mittlerweile seinen Schritt.«

»Das bedeutet nichts Gutes«, hörte ich Frau Maschke laut sagen, worauf sie ein strafender Blick von Frau Böhmer traf. Wenn dieser Aufseher auch nur ein deutsches Wort hörte, und sei es noch so leise gesprochen, dann geriet er in Wut.

Heute jedoch war alles anders. Nachdem er in unsere Zelle marschiert war, gab er die Anweisung, uns mit dem Gesicht zur Wand zu stellen und uns dann auf den harten Betonboden zu knien. Eine Zeit lang hörten wir noch, wie er in der Zelle auf und ab ging. »Steht ja nicht auf«, herrschte er uns an, bevor er den Raum verließ.

Wir wagten kaum, uns zu rühren, obwohl uns die Knie nach einer halben Stunde wahnsinnig schmerzten. Frau Grünwald, die nicht mehr die Jüngste war, hielt es kaum noch aus. »Ich kann nicht mehr«, jammerte sie. »Ich kann nicht länger knien.«

»Reißen Sie sich doch ein wenig zusammen!«, forderte Frau Böhmer sie energisch auf. »Wir müssen es auch aushalten. Wenn Sie aus der Reihe tanzen, müssen wir alle dafür büßen. Das haben wir doch schon oft genug erlebt.«

Da rückte die arme Frau Grünwald ein wenig näher zur Wand heran und lehnte ihren Kopf gegen die Mauer, um sich zu stützen.

Ich weiß heute nicht mehr, wie viele Stunden wir so knien mussten, waren es nur zwei oder vier oder war es ein ganzer Tag. Irgendwann dann war diese Schikane einfach vorüber, ohne dass wir jemals den Grund erfahren hätten.

Als wäre nichts geschehen, wurden wir weiterhin zu irgendwelchen Arbeiten eingeteilt. An einem der nächsten Tage brachte man die Jüngeren unter uns in ein großes Restaurant, wo wir in der Küche halfen: abwaschen, Kartoffeln und Karotten schälen, Salat waschen. Verglichen mit anderen Arbeiten, fühlten wir uns wie im Himmel. Unser Glücksgefühl wurde verstärkt, als wir auch noch jede Menge zu essen bekamen. Der Küchenjunge, der ungefähr in meinem Alter war, schien Mitleid mit den jungen deutschen Frauen zu haben. Ich hatte es ihm besonders angetan, und so sagte er immer wieder: »Ursa essen, Ursa essen«, und schob mir zu, was ihm gerade so unter die Finger kam. Ich stopfte mich an diesem Tag dermaßen voll mit Fleisch, Wurst und Kuchen, dass mir am Abend wahnsinnig schlecht wurde, denn mein Magen war es nicht mehr gewöhnt, solche Mengen zu verdauen. Die Folge war, dass ich mich die ganze Nacht übergeben musste und am nächsten Morgen dann der Darm rebellierte. Ich wurde dermaßen von Krämpfen geschüttelt, dass ich die Schmerzen kaum mehr aushielt. Am dritten Tag, als es mir immer noch nicht besser ging, hatte einer der Wärter ein Einsehen und ließ mich in die Krankenstation bringen. Den Transport durch die zahlreichen Gänge des riesigen Gefängnisses nahm ich kaum mehr war, doch ich wurde wieder gesund, kehrte in meine Zelle zurück, und das Leben in Pankratz ging in gewohnter Weise weiter.

Ein überraschendes Weihnachtsgeschenk

In einer Zeit, da ein schrecklicher Krieg entsetzliches Unrecht und Leid verursacht hatte, da Menschen, die zuvor gute Nachbarn und Freunde gewesen waren, zu Feinden wurden – in einer Zeit, in der es schien, als gäbe es keine Humanität mehr, war es eine Wohltat, Menschen zu treffen, die einem den Glauben an Menschlichkeit und Güte zurückgaben. So einem Menschen begegnete ich auch in Prag.

Niemals in meinem Leben werde ich diese tschechische Familie vergessen. Es handelte sich dabei um einen unserer Gefängniswärter, seine Frau und seinen Sohn. Wir schätzten Herrn Watzlav ohnehin, weil er sich uns gegenüber immer korrekt verhielt. Bei ihm ging alles ruhig und aggressionsfrei zu, und wenn wir an den Schritten im Flur erkannten, dass er Dienst hatte, waren wir erleichtert. Er grüßte uns immer, freilich nur auf Tschechisch, obwohl ich mir sicher war, dass er die deutsche Sprache, wie so viele Tschechen hier, einigermaßen beherrschte.

Es war ein paar Tage nach Weihnachten. Der Heilige Abend in der Zelle war trostlos und deprimierend gewesen. Jeder hatte mehr als sonst an zu Hause, an glückliche Jahre und Weihnachtsfeste im Kreis der Familie zurückgedacht – und natürlich an Braten, Lebkuchen und Süßigkeiten. Solche Köstlichkeiten hatte es natürlich für uns Gefangene nicht gegeben, aber immerhin bekamen wir Würste, so eine Art Regensburger – das war mehr, als wir erwartet hatten, und wir genossen die einfachen Würste, als wären es die größten Delikatessen.

An jenem Tag nach Weihnachten hatte Herr Watzlav wieder einmal Dienst. »Gibt es unter euch eine Friseuse?«, fragte er völlig unvermittelt, als er unsere Zelle betrat.

Da er Tschechisch sprach, verstand ich ihn nicht, doch Frau Grünwald übersetzte seine Worte.

»Ich bin Friseuse«, meldete ich mich zaghaft, denn selbst dieser gute Mann konnte meine Angst vor den Wärtern nicht völlig ausräumen.

»Komm mit!«, forderte er mich auf.

Mir schlotterten die Knie, denn ich wusste nicht, was jetzt auf mich zukam. Bisher war alles schrecklich in Pankratz gewesen, und ich konnte mir nicht vorstellen, dass mich diesmal eine positive Überraschung erwartete.

Wir verließen das Gefängnisgebäude und gingen zu einem der Mietshäuser, die am Rande des riesigen Komplexes standen.

Herr Watzlav bat mich höflich in seine Wohnung und stellte mich dort seiner Frau und seinem kleinen Sohn vor. Er deutete auf die Haare seiner Frau, und ich verstand, dass ich ihr eine hübsche Frisur machen sollte. Als wir fertig waren, strahlte sie über das ganze Gesicht und schien sehr zufrieden mit meiner Arbeit.

In der Wohnung roch es nach frisch Gebackenem, und die freundliche junge Frau fragte mich sofort, ob ich Hunger hätte, was natürlich eine völlig überflüssige Frage war.

Sie führte mich ins Wohnzimmer, in dem in einer Ecke ein mit bunten Kugeln geschmückter Christbaum stand. Bei diesem Anblick traten mir die Tränen in die Augen, und Frau Watzlav nahm mich statt tröstender Worte, die ich ohnehin nicht verstanden hätte, einfach in den Arm. Sie gab mir zu verstehen, mich auf die Couch zu setzen, und ging hinaus. Als sie zurückkam, hatte sie einen Teller voll böhmischer Buchteln in der Hand, den sie mir reichte.

»Hier, die sind für dich!«, forderte sie mich auf.

Um das zu verstehen, brauchte man keine Sprachkenntnisse, und ich griff sogleich zu. In diesem Moment im Wohnzimmer der Watzlavs glaubte ich, noch nie im Leben so etwas Gutes gegessen zu haben. Außerdem fühlte ich mich nach langer Zeit in der friedlichen Atmosphäre des mit altmodischen Möbeln ausgestatteten Raums wieder einmal richtig geborgen. Wie sehr hatte ich das vermisst!

Erneut kam jedoch mit aller Macht die Erinnerung an die Heimat hoch. Während ich auf dem Sofa mit den geschwungenen Armlehnen und den weißen Häkeldeckchen saß und auf den bunten Christbaum starrte, fragte ich mich, wo meine Mutter jetzt wohl war. Dann wanderten meine Gedanken weiter zur Großmutter. Ob Onkel Kurt und seine Familie bei ihr waren? Vielleicht hatte die Großmutter in diesem schrecklichen Jahr 1945 aber auch das Fest alleine verbringen müssen.

Ich erinnerte mich daran, wie ich als Kind den Heiligen Abend verbracht hatte. Jedes Mal war es aufregend und wunderschön gewesen. Im letzten Jahr, Weihnachten 1944, war ich frisch verliebt gewesen und hatte kurz vor dem Fest von Schorsch einen Brief bekommen, den ich immer wieder las. Er schrieb, dass er ganz fest an mich dächte und mich im nächsten Jahr besuchen würde. Ich prägte mir jeden Satz unauslöschlich ein.

Herr Watzlav betrat die kleine Stube, warf mir einen aufmunternden Blick zu und deutete auf den Kuchenteller, den mir seine Frau immer wieder hinhielt. Doch ich spürte, dass mir langsam schlecht wurde, und winkte ab. Da packte Frau Watzlav die restlichen Buchteln in eine große Tüte, damit ich sie mitnehmen konnte.

Bevor ich das Heim dieser freundlichen Familie verlassen musste, hatte ich noch eine merkwürdige und anrührende Begegnung mit dem kleinen Sohn. Er war zehn oder elf Jahre alt und spielte in einer Ecke des Wohnzimmers. Dabei blickte er immer wieder zu mir hin. Ich lächelte ihn an und bat ihn, mir sein Spielzeug zu zeigen. Er begriff sofort und zeigte mir sein rotes Feuerwehrauto, das er zu Weihnachten bekommen hatte. Und das er sogleich lachend durchs Wohnzimmer sausen ließ.

Als ich plötzlich grundlos weinen musste, warf er mir einen treuherzigen Blick zu. Dann legte er die Hände an die Schläfen, als ob er große Ohren darstellen wollte, und begann, wie ein Hase auf und ab zu hüpfen. Dabei schaute er mich immer wieder aufmunternd an.

Ich wusste nicht, was ich davon halten sollte. Wollte mich der Kleine einfach nach Kinderart aufmuntern, oder war der Osterhase ein Zeichen? Sollte ich das so verstehen, als käme ich an Ostern frei? Dann musste er etwas aufgeschnappt haben, was sein Vater zu Hause erzählt hatte.

Bis heute weiß ich nicht genau, was die Pantomime des Jungen bedeutete. Ich schaute ihn jedenfalls fragend an, und wieder begann er lachend zu hüpfen. Ich hätte ihn am liebsten umarmt, doch da war er plötzlich zur Tür hinaus.

Der schöne Nachmittag war zu Ende, denn jetzt betrat sein Vater das Zimmer und gab mir freundlich, aber bestimmt zu verstehen, dass wir aufbrechen müssten.

Wir traten auf die regennasse Straße. In Prag war es ein milder Winter, und bislang hatte es kein einziges Mal geschneit. Wir ließen die schmucklosen Mietshäuser, aus deren Fenstern jedoch ein warmer, gemütlicher Schein drang, hinter uns. Die Nacht war rabenschwarz und der große, gepflasterte Hof des Gefängnisses nur schwach beleuchtet. Dann stiegen wir die endlosen Stufen hinauf.

Im Treppenhaus empfing uns eine Helligkeit, die meine Augen blendete. Die Lampen leuchteten auch den letzten Winkel aus, leuchteten bis in die Seele. Keiner konnte sich vor diesem kalten Licht verstecken. Als wir bei unserer Zelle ankamen, sperrte Herr Watzlav auf, nickte mir noch einmal freundlich zu, und der Gefängnisalltag hatte mich wieder.

Noch nie hatte ich es so schlimm empfunden wie in diesem Augenblick, als ich aus der Geborgenheit der Watzlavschen Wohnung kam. Alle starrten sofort auf die Tüte, die ich in der Hand hielt. Wir waren dreiundzwanzig Frauen, und ich wusste zwar nicht, wie viele

Buchteln noch übrig waren, aber bestimmt reichten sie nicht für alle aus. Also riss ich einfach die Tüte auf und legte sie in der Mitte der Zelle auf den Boden. Meine Zellengenossinnen stürzten sich wie wilde Tiere auf das frische Gebäck – mit Ausnahme von Frau Grünwald, die herablassend lächelnd abseits stand. Es war schrecklich anzusehen, wie Hunger jedes zivilisierte Verhalten auszuschalten vermochte.

Obwohl mir in dieser Nacht unsere Zelle besonders trostlos und hässlich erschien, schlief ich gut und träumte davon, dass die Andeutungen des kleinen Jungen einen wahren Kern enthielten und wir zu Ostern frei sein würden.

Das Licht der Freiheit

Ich konnte es kaum glauben, aber meine Hoffnungen bewahrheiteten sich, denn wir kamen noch vor Ostern aus dem Gefängnis frei. Doch wir erfuhren es buchstäblich in letzter Minute.

In der Nacht vor meiner Entlassung wurde ich von einem schrecklichen Albtraum heimgesucht, der mit meinem Großvater zu tun hatte. Dieser Traum hatte mich schon einmal schweißgebadet aus dem Schlaf schrecken lassen.

Damals war ich fünf Jahre alt, und mein Großvater war einige Tage zuvor gestorben. Ich träumte, dass ich auf dem Dachboden für die Großmutter irgendetwas holen sollte. Als ich am untersten Treppenabsatz stand, ging oben plötzlich die Tür auf, und der Großvater trat heraus, bekleidet mit einem langen, weißen Nachthemd.

Er streckte die Arme nach mir aus und kam langsam die Treppe herunter. Ich starrte ihn an, konnte mich nicht rühren und blieb wie angewurzelt stehen. Bevor er mich erreichte und umfassen konnte, erwachte ich. Genau diesen Traum hatte ich noch einmal in dieser letzten Nacht in Pankratz.

»Hast du schwer geträumt?«, fragte mich Irene und schaute mich im Grau der Morgendämmerung an.

Ich war noch völlig benommen und nickte nur. Eine

Weile lagen wir still nebeneinander. Keine von uns konnte mehr schlafen.

»Was wird uns dieser Tag wieder bringen?«, seufzte Irene nach einer Weile.

»Vielleicht die Freilassung?« Ich weiß nicht, ob ich diese Worte im Scherz sagte, oder ob ich tatsächlich eine Vorahnung hatte. Wieder dachte ich an den kleinen Jungen und seine merkwürdigen Anspielungen. Aber noch hatten wir nicht Ostern, sondern erst Anfang April. Ostern lag in diesem Jahr spät.

»Mach mit so etwas keine Witze«, erwiderte Irene traurig. »Ich sage dir, wir kommen nie mehr hier raus.«

Sie begann wieder zu weinen – sie wurde einfach nicht damit fertig, dass sie an jenem schrecklichen Tag im Mai 1945 zum Einkaufen gegangen war und ihre Kinder alleine gelassen hatte.

»Warum wohl haben sie gestern Abend unsere Kleider desinfiziert?«, flüsterte ich ihr zu.

Irene warf mir einen Blick zu, in dem Zweifel und Hoffnung zugleich lagen, aber sie blieb resigniert und mutlos.

»Das hat nichts weiter zu bedeuten. Sie wollen einfach nicht, dass wir ganz verlausen.«

Wir schwiegen erneut. Langsam wurde es heller in der Zelle. Mit offenen Augen lag ich auf meiner Matratze und starrte auf die Kirchturmspitze. Ich sah, wie die ersten Sonnenstrahlen das vergoldete Kreuz aufleuchten ließen. Tauben gurrten im Gebälk, und der Streifen Himmel, den ich über der Kirchturmspitze ausmachen konnte, färbte sich langsam von einem tristen Grau zu einem hellen, lichten Blau.

Plötzlich wurde es draußen auf dem Flur lebendig. Laute Stimmen drangen bis in unsere Zellen. Es mussten mehrere Wärter auf den Gängen sein. Das hektische Treiben weckte auch die Frauen auf, die bis jetzt fest geschlafen hatten.

»Was ist denn draußen los?«, fragte Gretel noch verschlafen.

»Das ist doch nicht normal, dass alle gleichzeitig aus ihrer Zelle getrieben werden«, bemerkte ihre Schwester Maria und legte dabei automatisch ihre Hand auf den Leib, als wollte sie ihr ungeborenes Kind schützen. Inzwischen hatte sie sich mit der ungewollten Schwangerschaft abgefunden.

Wir alle wussten aus monatelanger Erfahrung, dass die Geräusche von draußen nicht auf einen normalen Arbeitseinsatz hindeuteten. Dazu klang alles zu hektisch und chaotisch.

»Vielleicht hat dein kleiner Freund ja wirklich die Wahrheit gesagt«, bemerkte Irene mit zitternder Stimme, die eine verzweifelte Hoffnung erkennen ließ.

Endlich waren wir an der Reihe, und auch unsere Zellentür wurde aufgesperrt. Herein kam Herr Watzlav.

»Wenn er kommt, dann kann das nur etwas Gutes bedeuten«, stammelte ich und schaute ihn mit weit aufgerissenen Augen fragend an.

Auf Tschechisch forderte er uns auf, die Zelle zu verlassen, fügte jedoch auf Deutsch hinzu: »Ihr seid frei.«

Zuerst waren wir alle wie versteinert und starrten den freundlichen Aufseher an, als wäre er ein Gespenst. Dann glitt ein kleines, stilles Lächeln über sein hageres Gesicht. »Ihr habt schon richtig gehört. Also los jetzt! Draußen warten Lastwagen, die euch zum Bahnhof bringen.«

Nun war kein Halten mehr.

»Mein Kind kommt in Freiheit zur Welt und nicht hier in diesem Gefängnis«, rief Maria wie von Sinnen, und Tränen der Freude rannen dabei über ihr Gesicht.

»Ich kann es immer noch nicht glauben«, murmelte ihre Schwester. »Vielleicht ist es nur ein übler Scherz.«

»Das ist kein Scherz«, sagte Frau Böhmer, die neben Frau Grünwald am meisten Beherrschung zeigte. Frau Maschke fuhr die Nachricht in die Därme. Sie musste noch dringend auf die Latrine, worüber Frau Böhmer etwas abfällig den Kopf schüttelte.

Als wir auf den Gang hinaustraten, hatten die Insassinnen der anderen Zellen das Gebäude bereits verlassen, sodass es etwas ruhiger geworden war. Unsere Zelle war die letzte gewesen, in der sich die Tür zur Freiheit geöffnet hatte.

Wenig später saßen wir auf den Wagen und fuhren durch die Stadt Richtung Bahnhof. Noch immer gab es Passanten, die die Fäuste reckten bei unserem Anblick, doch die maßlose Wut, die uns ein Jahr zuvor entgegengeschlagen war, hatte sich gelegt.

Wir erfuhren nie, wann die offizielle Entscheidung gefallen war, die internierten Deutschen gehen zu lassen, sofern ihnen keine Verwicklung in Verbrechen der Nazis zur Last gelegt werden konnte. Für uns kam die Freilassung unerwartet wie der Blitz aus heiterem Himmel.

Am Bahnhof angekommen, wurden wir zu bereitstehenden Güterwagen gebracht. Ich reichte Herrn Watzlav, der uns begleitet hatte, verstohlen die Hand, um ihm meine Dankbarkeit zu zeigen. Ich rechnete nicht damit, dass er sie ergreifen würde, doch er tat es und warf mir dabei für den Bruchteil einer Sekunde einen Blick zu, der mich gar um Verzeihung zu bitten schien. Dann drehte er sich abrupt um und ging davon.

Für uns aber begann die Fahrt in die Freiheit, von der wir alle nicht wussten, wohin sie führen würde. Zwei Tage dauerte die Fahrt ins Ungewisse in den stinkenden Waggons, die vermutlich zuvor für Viehtransporte verwendet worden waren. Zwei Tage war ich noch zusammen mit den Frauen, mit denen ich ein Jahr lang Leid und Entbehrung geteilt hatte, dann trennten sich unsere Wege, und ich traf keine meiner Schicksalsgenossinnen jemals wieder – nicht einmal Irene, die mir in diesem schweren Jahr zu einer wirklichen Freundin geworden war.

Mitten in der Nacht hielt der Zug auf einem Vorstadtbahnhof an, und wir kletterten mit steifen Gliedern und durchgefroren aus den Waggons. Ich hatte das rot karierte Kleid an, das ich schon zu Beginn meiner Flucht getragen hatte. Meine Mutter hatte es mir vor drei Jahren zu der Zeit, als ich konfirmiert wurde, genäht. Darüber trug ich gegen die Kälte den grünen Pullover, den ich aus dem aufgetrennten Bolero aus Theresienstadt gestrickt hatte. Das war alles, was ich besaß.

Ich schaute mich ratlos und hilflos zugleich um. Ich hatte keine Ahnung, wohin man uns gebracht hatte. Soweit man in der Dunkelheit erkennen konnte, war die Umgebung ländlich, doch in der Ferne sah man die Lichter einer großen Stadt.

Das war nun die Freiheit, von der ich fast ein Jahr lang geträumt hatte! Doch in diesem Augenblick allein auf dem Bahnsteig eines unbekannten Ortes fühlte ich mich unendlich verloren. Meine Gefährtinnen aus dem Gefängnis verlor ich gleich im ersten Durcheinander aus den Augen. Auch Irene, die vor ein paar Minuten noch neben mir gestanden hatte, war plötzlich verschwunden. Ordner waren durch die Menge gegangen und hatten uns in die verschiedensten Richtungen geschickt.

»Da hinüber musst gehen, Madel«, sprach mich jetzt ein Mann mit gutmütiger Stimme an. An seinem Tonfall und seiner Kleidung erkannte ich, dass wir offensichtlich in Bayern waren.

»Wo bin ich denn hier?«, fragte ich ihn.

»Ja, weißt denn des net?« Er lachte. »In München-Allach, im Auffanglager.«

Ich sehnte mich danach, jemandem mein Leid zu klagen, und wollte ihm erzählen, wie es mir ergangen war. Doch da winkte er schnell ab. »Ja mei, Dirndl, wir haben auch genug mitgemacht. Schau dir mal München an. Die ganze Stadt ist zerbombt. Von dem Haus, in dem ich gewohnt hab, ist nix mehr übrig geblieben.«

Er schenkte mir keine Aufmerksamkeit mehr. Es gab außer mir schließlich noch andere Flüchtlinge, um die er sich kümmern musste.

Da sah ich plötzlich Frau Maschkes Gesicht in der Dunkelheit auftauchen, nur wenige Schritte von mir entfernt. Ich rief ihr etwas zu, doch meine Stimme ging in dem allgemeinen Lärm unter. Sie hatte mich nicht gesehen und war auch gleich wieder verschwunden. Vergeblich schaute ich in die Runde. Wenn ich doch wenigstens diese merkwürdige Frau an meiner Seite gehabt hätte, dann wäre mir wohler gewesen.

Mir wurde von einem neuen Ordner eine Baracke zugewiesen, in der sich lauter wildfremde Menschen aufhielten, doch ich war von der langen Zugfahrt in den primitiven Waggons so erschöpft, dass ich in der unteren Etage des Stockbetts, das für mich bestimmt war, sofort einschlief.

Am nächsten Tag ließ man uns erst einmal schlafen. Wir waren ungefähr zwanzig Personen in der Baracke, darunter ein paar Kinder. Ich trat verschlafen vor die Tür, um mich umzusehen. Der Regen, der in der Nacht eingesetzt hatte, war vorüber, und eine matte Sonne schien von einem blassen Himmel.

Nach einer Weile brachte eine alte Frau Tee und Brot in die Baracke. Während ich frühstückte, versuchte ich mit ein paar Mitbewohnern ins Gespräch zu kommen, doch niemand schien großes Interesse an einer Unterhaltung zu verspüren. Teilnahmslos nagten die Frauen und Kinder an ihrem Brot und tranken gedankenverloren ihren Tee.

Ich gab es schnell auf, Kontakte zu knüpfen, und verließ nach dem dürftigen Frühstück die muffige, dämmrige Baracke. Langsam schlenderte ich durch das Lager. Irgendwo auf diesem großen Gelände musste ich doch wenigstens eine der Frauen finden, die mit mir hierher gekommen waren.

Doch ich konnte weder Irene noch Frau Grünwald oder die struppige Frau Maschke aus Neustadt an der Tafelfichte entdecken. Sie blieben wie vom Erdboden verschluckt. Enttäuscht ging ich zu meiner Baracke zurück.

Was sollte nun weiterhin geschehen? Wann würde ich endlich richtig nach Hause finden? Ob die Großmutter meinen Brief bekommen hatte? Der nette Tscheche damals in der eleganten Villa hatte mir ganz fest zugesagt, dass er ihn weiterleiten würde. Ich war mir sicher, dass er sein Wort gehalten hatte.

Nachdenklich ging ich bis zum Ende des Lagers, das an einer breiten Straße lag. Ich setzte mich auf eine der Bänke, die dort standen. Ich überlegte gerade, ob meine Mutter ebenfalls in die Freiheit entlassen worden war, als ich plötzlich angesprochen wurde: »Hallo, schönes Fräulein, darf ich Sie ins Kino einladen?«

Völlig verwirrt blickte ich in zwei helle, lustige Augen, die zu einem großen jungen Mann gehörten, dessen magerer Körper in einer viel zu weiten Hose steckte, die mit einem schmalen Ledergürtel zusammengehalten war. An den Hosenbeinen befanden sich Klammern, damit der Stoff nicht in die Speichen seines Fahrrads geriet, das er gerade quietschend vor mir abgebremst hatte. Auf dem Rücken trug er einen riesigen, nicht gerade sauberen Rucksack.

Der Bursche sah nicht gerade so aus, als hätte er viele Barschaften, und so antwortete ich schlagfertig: »Und mit welchem Geld?«

Mit einer rasanten Bewegung ließ er den Rucksack vom Rücken gleiten und öffnete ihn, damit ich hineinsehen konnte.

Ich traute meinen Augen nicht. »Menschenknochen?«, rief ich entsetzt aus.

»Sehen so Menschenknochen aus?«

Er lachte schallend. »Das sind Tierknochen. Ich habe soeben einige Allacher Metzgereien abgeklappert. Das sind mindestens zwanzig Kilo, und für fünf Kilo gibt es ein Stück Kernseife. Also, junge Frau, wie viele Stück Kernseife bekomme ich dann?«

Er schaute mich prüfend an.

Als ich nicht antwortete, sagte er: »Vier Stück natürlich, das reicht für einen Kinobesuch für zwei Personen.«

Ich schüttelte lächelnd den Kopf. Ich kannte diesen Kerl doch gar nicht, und trotzdem lud er mich ins Kino ein. Aber andererseits tat es gut, endlich mit jemandem zu reden. Gerade noch hatte ich mich so unsagbar einsam gefühlt, weil seit gestern Abend niemand mit mir gesprochen hatte, und nun kam dieser junge Bursche daher, dem die Geschichten nur so aus dem Mund sprudelten.

»Eigentlich will ich Bauingenieur werden«, erklärte er mir. »Aber mit einem Studium ist es vorerst noch nichts, denn die Uni, an der ich studieren will, ist noch nicht wieder eröffnet.«

»Und deshalb handeln Sie jetzt mit Tierknochen?«

Er nickte. »Für diese zwanzig Kilo Tierknochen bekomme ich also vier Stück Kernseife. Die verschachere ich gleich auf dem Schwarzmarkt, und von diesem Geld gehen wir beide abends ins Kino.«

»Was gibt es denn für einen Film?«, fragte ich ihn, obwohl ich ihm kein Wort von dem glaubte, was er mir erzählte. Ich hatte keine Ahnung, dass man in diesen Zeiten Tierknochen verkaufen konnte, hatte noch nie etwas von Schwarzmarktgeschäften gehört und wusste auch nicht, was das war.

Erst vor wenigen Tagen hatte ich noch in einer Gefängniszelle gesessen, gehungert und verdreckte Gleise putzen müssen. Und jetzt sollte ich ins Kino eingeladen werden? Das alles kam mir so unwirklich vor.

Der junge Mann schien allmählich zu merken, dass ich aus einer ganz anderen Welt kam. Er wurde ernst und fragte mich mit gerunzelter Stirn: »Bist du eine aus dem Flüchtlingslager?«

Nun gab auch ich meine künstliche Munterkeit auf und nickte traurig.

Das kaum merkliche Misstrauen, das ihn plötzlich befallen hatte, schlug sogleich in Mitleid um. »Wo kommst du denn her?«

Ich merkte gar nicht, dass er mich plötzlich duzte. »Eigentlich aus der Oberlausitz, falls Sie diese Gegend kennen.«

»Da muss ich passen«, gab er kleinlaut zu.

»Mein Heimatort liegt an der tschechischen Grenze, hundert Kilometer südöstlich von Dresden. Aber ich komme nicht von dort. Ich wollte mit meiner Mutter vor den Russen fliehen, weil es hieß, im Nachbardorf hätten sie schon viele Frauen vergewaltigt. Dummerweise entschlossen wir uns, nach Prag zu gehen, weil dort angeblich die Amerikaner waren. Aber das war ein schrecklicher Irrtum. Dort waren die Russen, und wir wurden von tschechischen Milizen in Haft genommen. Ein Jahr lang – es war die Hölle!«

Er hatte mir schweigend zugehört und zog nun eine Zigarettenschachtel aus seiner viel zu weiten Hose. Er bot mir eine Lucky Strike an.

»Eine deutsche Frau raucht nicht«, wehrte ich ab, denn diesen Satz hatte ich noch immer in den Ohren.

»Diese Zeiten sind vorbei«, lachte er. »Da, nimm schon eine.«

Zögernd griff ich nach der Zigarette. »Ich kann das gar nicht«, musste ich zugeben.

»Na, dann lass es lieber sein. Es ist besser so. Ich möchte dich nicht zum Rauchen verführen.«

»Ich möchte es aber gerne probieren.«

Er gab mir Feuer, und ich zog an der amerikanischen Zigarette. Als ich bereits nach den ersten beiden Zügen einen schrecklichen Hustenanfall bekam, gab ich sie ihm zurück.

»Lass es lieber bleiben. Es war dumm von mir, dir eine anzubieten. Ich bin übrigens der Ludwig, aber du kannst mich Wiggerl nennen. Ich bin nur hier draußen in Allach wegen der Metzgereien, denn in den Außenbezirken gibt es mehr Läden als in der Stadt – dort ist alles durch die Bomben zum Teufel gegangen.«

»Ich war noch nie in München«, sagte ich.

Er schaute wieder mitleidig zu mir hin. »Armes Dirndl«, murmelte er und legte dabei kurz tröstend den Arm um mich. »Ich muss jetzt meine Knochen loswerden, aber es bleibt mit dem Kino wie besprochen? Dann hole ich dich um halb acht Uhr ab.«

»Was wird denn überhaupt gespielt?« Ich sagte das einfach so dahin, denn im Grunde genommen war es mir ganz egal, in welchen Film wir gingen – schließlich hatte ein Kinobesuch lange nicht mehr zu meinem Leben gehört.

»›Tote schlafen fest‹ mit Humphrey Bogart«, erwiderte er.

»Wird schon schön sein«, murmelte ich und gestand nicht ein, dass ich von diesem berühmten amerikanischen Schauspieler überhaupt noch nicht gehört hatte. »Ich weiß aber nicht, ob ich das Lager überhaupt verlassen darf«, fiel mir plötzlich ein.

»Ich kenne einen von der Verwaltung«, entgegnete er ein wenig großspurig. »Wenn es Schwierigkeiten gibt, dann werde ich das regeln.« So geschah es, und zwei Stunden, nachdem er seine Kernseife auf dem Schwarzmarkt verhökert hatte, holte er mich im Lager ab.

Nachkriegsleben

Ich setzte mich auf den Gepäckträger, und er radelte los.

Wir fuhren die Menzinger Straße entlang, vorbei am Schloss Nymphenburg und kamen schließlich zum völlig zerbombten Hauptbahnhof, in dessen Nähe sich das provisorisch instand gesetzte Kino befand. Ich wollte den zerlumpten Heimkehrer mit dem amputierten Bein, aus dessen Mundwinkel eine Zigarette hing und der vor uns über die Straße humpelte, nicht sehen, auch nicht die Frauen mit den Kopftüchern, die sich mit alten Blecheimern und Schaufeln auf den Trümmerhaufen abrackerten, um den Schutt zu beseitigen. Einige von ihnen waren hochschwanger.

Plötzlich bremste der Ludwig abrupt, weil er vor einer Ruine einen Bekannten entdeckte. »Mit dem habe ich kurz was zu reden«, sagte er. »Warte einen Augenblick. Bin gleich wieder da.«

Währenddessen betrachtete ich die Trümmerwüste um mich herum. Es dunkelte schon, aber in den rußgeschwärzten Ruinen herrschte noch ein lebhaftes Treiben. Kinder spielten inmitten der zerfallenen Häuserreihen. Ich glaubte nicht richtig zu hören und zu sehen, als mir klar wurde, dass sie nicht Verstecken oder Fangen, sondern Krieg spielten. Einer der Buben zielte mit einem Stecken, der wohl eine Schusswaffe darstellen sollte, auf einen kleinen Kerl, der sofort die Hände hochriss, um sich zu ergeben. Und sie riefen sich eindeutig kriegerische Ausdrücke zu.

Ich war zutiefst betroffen. Hatten sechs Jahre Krieg nicht gereicht? Der Ludwig sah mir meine Beklemmung an, als er zurückkam. Sein Blick folgte dem meinen, und er meinte nachdenklich: »Niemand darf diese Bengel verurteilen. Sie kennen es ja nicht anders. Sie verstehen noch nicht, dass der Krieg vorbei ist. Nicht einmal alle Erwachsenen begreifen, dass jetzt eine andere Zeit angebrochen ist, dass wir jetzt umdenken und uns neu orientieren müssen. Da muss man flexibel sein.«

Sein trotz seiner Jugend scharf gezeichnetes Gesicht hellte sich wieder auf. »Ich habe damit kein Problem«, meinte er über das ganze Gesicht grinsend. »Gerade habe ich ein gutes Geschäft gemacht. Man muss sich in diesen schlechten Zeiten zu helfen wissen, wenn man nicht verhungern will.«

Als wir später im Kino saßen und mich sein Blick ab und zu von der Seite her traf, wusste ich nicht, was ich von diesem Burschen, der mir zufällig über den Weg gelaufen war, halten sollte. Inmitten aller Not und allen Elends um ihn herum schien er der glücklichste Mensch auf der Welt zu sein. Dies alles war mir irgendwie fremd, aber ich brauchte jemanden, ich wollte nicht alleine sein, und so zog ich meine Hand nicht zurück, als er sie während des Films, auf den ich mich nicht so recht konzentrieren konnte, immer wieder einmal ergriff.

»Morgen hol ich dich wieder ab. So gegen sechs Uhr abends. Vorher kann ich nicht«, versprach er mir, als er mich um halb elf vor meiner Baracke ablieferte.

Ich hatte nichts dagegen, sondern freute mich darauf, denn ich brauchte inmitten dieser fremden Stadt, inmitten dieser hoffnungslosen Flüchtlinge im Lager einfach einen Menschen, der für mich da war.

Er kam mit einer halben Stunde Verspätung. »Geschäfte«, entschuldigte er sich mit einem charmanten Lächeln.

Ich nickte verständnisvoll. »Hoffentlich haben sie sich rentiert.«

»Immer«, erwiderte er selbstbewusst. »Ich lass mich auf keine großen Sachen ein. Kleinvieh macht auch Mist und ist ungefährlich, möchte beinahe sagen legal.«

»Was hast du denn heute vor, wieder ins Kino?«, fragte ich ihn.

»Ich möchte dich meiner Familie vorstellen«, meinte er leichthin. »Komm! Schwing dich auf mein Rad, der Gepäckträger hat schon wesentlich schwerere Lasten ausgehalten.«

»Nein, das will ich nicht, wir kennen uns doch kaum«, stammelte ich verwirrt.

»Was gab es denn heute zu essen im Lager?«, fragte er mich augenzwinkernd.

»Tee und Brot zum Frühstück und mittags eine Suppe. Um acht Uhr gibt es wieder Tee und Brot«, antwortete ich irritiert, weil ich den Sinn der Frage nicht verstand.

»Und da willst du dir bei uns zu Hause nicht einmal ordentlich den Bauch vollschlagen?«

Jetzt musste ich lachen. Ich legte immer jedes Wort auf die Goldwaage und vermutete Hintergedanken, dabei wollte er mich nur zum Essen einladen. Wie konnte ich da Nein sagen? Seit mich der Prager Küchenjunge mit allen möglichen Nahrungsmitteln vollgestopft hatte, hatte ich nichts Ordentliches mehr gegessen.

Ich erzählte dem Wiggerl die Geschichte, aber auch, wie schlecht es mir anschließend ergangen war.

»Na, ganz so üppig ist es bei uns zu Hause nun auch wieder nicht«, meinte er. »Aber wir müssen nicht hungern. Für einen eingelegten Hering reicht es allemal.«

Hering aß ich für mein Leben gern. Trotzdem hatte ich nach wie vor Skrupel. »Was wird denn deine Mutter sagen, wenn du so einfach mit mir antanzt?«

»Wir führen ein offenes Haus«, erwiderte er pathetisch. »Schwing dich schon auf den Gepäckträger.«

Wieder ging es die Menzinger Straße entlang, wieder kamen wir zum Hauptbahnhof, wo gerade ziemlicher Trubel herrschte, denn dort war ein Gefangenentransport angekommen. Während wir im Zickzack durch die Menge radelten, sah ich, dass viele der Frauen und Mütter weinten, als sie ihre Männer, Verlobten und Söhne in die Arme nahmen. Niemand schämte sich seiner Tränen. Einige allerdings mussten enttäuscht und allein nach Hause zurückkehren, weil sie vergeblich gewartet hatten. Den schmerzvollen, hoffnungslosen Gesichtsausdruck dieser Frauen werde ich nie vergessen.

Wir radelten weiter entlang der Theresienwiese, wo das berühmte Oktoberfest stattfand, und kamen nach Sendling, das nicht gerade zu den Nobelvierteln gehörte. »Jetzt sind wir gleich da«, rief mir mein Begleiter zu. Das »offene Haus« entpuppte sich als ein mehrstöckiges Mietshaus, das den Bobenangriffen standgehalten hatte. Links und rechts jedoch waren die Häuser eingestürzt, sodass es ganz allein und ein wenig zur Seite geneigt dastand. In den Mauern klafften tiefe Risse.

»Das ist also das weltoffene Haus«, scherzte ich und schwang mich vom Gepäckträger.

»Ja, eine kleine Wohnung im obersten Stockwerk. Du kannst dir nicht vorstellen, wie viele Menschen uns um unsere Behausung beneiden. Viele haben ihre Wohnungen durch die Bomben verloren, andere mussten sie räumen, weil die Amerikaner Wohnraum beanspruchen. Da haben wir es besser. Der Bob hat ein gutes Wort bei der Militärregierung für uns eingelegt.«

Wieder einmal verstand ich gar nichts, wagte aber nicht zu fragen, wer denn nun wieder der Bob war, der Einfluss bei den Amerikanern hatte. Dann kamen wir oben an.

»Ich bin die Frau Bauer. Kommen Sie nur herein! Mein Sohn hat mir schon von Ihnen erzählt«, empfing mich Ludwigs Mutter.

Zaghaft trat ich über die Schwelle. Seit Weihnachten, als ich bei den Watzlavs war, hatte ich keine richtige Wohnung mehr betreten.

»Entschuldigen Sie, Fräulein, dass noch nicht aufgeräumt ist. Aber ich bin gerade von der Arbeit gekommen.« Frau Bauer streifte ihren Sohn mit einem vorwurfsvollen Blick, dann ging sie in ein kleines, gekacheltes Badezimmer, um sich ihr von Kalk und Mörtel verschmutztes Tuch vom Kopf zu ziehen. Mit einer Bürste kämmte sie das staubige dunkle Haar. »Es wäre besser, du würdest auch auf dem Hauptbahnhof mithelfen, statt dich in der Stadt herumzutreiben«, rief sie durch die geöffnete Tür.

»Aber den Hering isst du schon gern, den ich heute ergattert habe, und die anderen Sachen, die ich so bringe«, konterte er. »Von den paar Pfennigen, die du als Trümmerfrau verdienst, würden wir nicht satt werden. Außerdem ist das Geld überhaupt nichts mehr wert.«

»Trotzdem müssen die Trümmer weg, und alles muss wieder aufgebaut werden«, antwortete sie mit müder Stimme, als sie in die dunkle Küche, deren Fenster auf einen ziemlich trostlosen Innenhof hinausging, zurückkehrte.

Ich fand die Wohnung überhaupt nicht unordentlich, sondern aufgeräumt und eigentlich auch ganz gemütlich. Zwar zog sich in der Küche ein großer Riss über die Wand, und die Tapete sah verschlissen und verblasst aus und durch das Dach tropfte es, doch ansonsten fand ich alles in Ordnung.

»Setzen Sie sich doch Fräulein, ich richte gleich das Essen her.« Und an ihren vorwitzigen Sohn gewandt: »Wo hast du denn nun deinen vielgepriesenen Hering?«

»Ah, jetzt läuft dir schon das Wasser im Mund zusammen«, spottete Ludwig grinsend und zog seine Hamsterware aus dem Rucksack – die Heringe und dazu drei Flaschen dunkles Bier.

»Die Hanna und der Bob werden auch gleich kommen«, rief die Mutter, während sie das Brot schnitt. »Könnt ihr euch vorstellen, dass ich heute vier Stunden vor dem Bäckerladen anstehen musste?«

»Das ist nichts Neues«, erwiderte der Sohn und fuhr fort: »Hoffentlich hat der Bob Zigaretten dabei.«

Wir hatten gerade am Tisch Platz genommen, als wir draußen im Flur ein Poltern und Lachen hörten, und dann stürmte ein junges, hübsches Mädchen zur Tür herein, das die gleichen markanten Gesichtszüge wie der Bruder besaß, nur dass ihre Augen von einem ganz hellen Blau waren, während sie bei Ludwig in einer Mischung aus Grün, Braun und Grau schillerten. Hinter dem Mädchen trat ein großer, muskulöser GI zur Tür herein, den ich einen Augenblick lang verwundert anstarrte – nicht nur, weil ich noch nie mit einem Amerikaner zu tun gehabt, sondern in meinem ganzen Leben auch keinen Menschen mit solch tiefschwarzer Haut gesehen hatte. Als er meine Verlegenheit bemerkte, grinste er nur und ließ dabei eine Reihe schneeweißer, makelloser Zähne sehen.

Hanna schaute mich verdutzt an. »Hast du eine neue Eroberung gemacht?«, wandte sie sich an ihren Bruder.

»Das ist die Ursula. Sie hat Schlimmes durchgemacht und ist jetzt im Auffanglager in Allach untergebracht. Ich habe sie zum Essen eingeladen«, klärte er seine Schwester auf.

Ihr belustigter Gesichtsausdruck verflog. Sie reichte mir die Hand. »Ich bin die Hanna.«

Dann setzten wir uns an den Tisch. Nach langer Zeit konnte ich mich an diesem Abend endlich einmal wieder richtig satt essen, denn der Bob hatte noch Speck und Eier mitgebracht, die Hanna rasch in der Pfanne briet. Dazu gab es dunkles Bier. Obwohl ich nur ein kleines Glas trank, stieg mir der ungewohnte Alkohol sofort in den Kopf.

Nach dem Essen bot mir der amerikanische Soldat eine Lucky Strike an: »Would you like a cigarette?«, und hielt mir die Schachtel hin.

»Die Ursel raucht nicht«, antwortete der Wiggerl, noch ehe ich reagieren konnte. Ich ärgerte mich ein wenig, weil ich schließlich selbst einen Mund zum Reden hatte, aber auf das Angebot wollte ich wirklich lieber verzichten.

Hanna erzählte mir, dass sie jetzt für das Rote Kreuz arbeitete. In der Stadt war eine zentrale Suchstelle eingerichtet worden, wo vermisste Personen aufgespürt oder deren Verbleib geklärt werden sollte – eine wichtige Einrichtung nach dem Chaos des Kriegsendes, das unzählige Familien vor allem auf der Flucht auseinander gerissen hatte. »Heute wurden wieder Hunderte von Anfragen und Suchmeldungen registriert«, erzählte Hanna. Eigentlich wollte sie wie ihr Bruder nach dem Krieg studieren, doch bislang hatten nicht alle Universitäten beziehungsweise Fakultäten den Lehrbetrieb wieder aufgenommen.

Nachdem sie von sich berichtet hatte, fragte sie, was mich hierher verschlagen hatte, doch an diesem Abend mochte ich eigentlich nicht viel darüber reden, wollte lieber vergessen, was mich bedrückte, und daran glauben, dass das Leben erst vor mir lag. Doch ganz so leicht, wie ich mir das in meinem jugendlichen Überschwang vorstellte, sollte es nicht werden. Mein Hauptproblem bestand darin, dass ich keine Ahnung hatte, wie ich nach Hause kommen sollte – ich wusste nur, dass ich unter allen Umständen heim wollte, um meine Mutter und Großmutter wiederzusehen.

Als mich der Ludwig zwei Stunden später mit dem Fahrrad ins Lager zurückbrachte, schwirrte mir noch immer der Kopf. Ich konnte es einfach nicht fassen, dass ich gerade an einem Tisch mit einem ehemaligen

»Feind« gesessen und eingelegten Hering gegessen hatte.

»Morgen hole ich dich wieder ab«, sagte mein Begleiter zu mir und gab mir einen Kuss auf die Wange.

»Um wieviel Uhr?«, fragte ich und überlegte dabei, wie ich den langen Tag in dem trostlosen Lager allein verbringen sollte.

»Ich kann es nicht genau sagen. Kommt darauf an, wie die Geschäfte laufen.«

»Pass nur auf, du kleiner Gauner, dass sie dich nicht erwischen. Schwarzhandel ist verboten. Am Ende wirst du noch verhaftet«, sagte ich scherzend zu ihm.

Er lachte nur, schwang sich auf sein klappriges, verrostetes Fahrrad, winkte mir zum Abschied zu und fuhr davon. Ich blieb noch eine Weile stehen und sah, wie seine viel zu weite Hose im Fahrtwind flatterte, dann schlenderte ich zurück in meine Baracke, legte mich auf die untere Matratze des Stockbettes, während die alte Frau über mir schon schnarchte, und schlief gleich ein. Ich sah den Ludwig nie wieder.

Neubeginn

Am nächsten Morgen war es vorbei mit dem trägen, untätigen Lagerleben. Morgens um sechs stürmte ein Ordner in unsere Baracke und weckte uns. Wir hätten uns umgehend auf einem Amt, das ganz in der Nähe lag, einzufinden und uns registrieren zu lassen.

Als mich der Verwaltungsangestellte dort nach meinen Ausweispapieren fragte, konnte ich nur den Kopf schütteln. »Ich habe nichts bei mir«, erklärte ich ihm. »Ich besitze nur das, was ich auf dem Leib trage.«

»Ja, der Krieg«, meinte er und warf mir einen mitleidigen Blick zu. »Jetzt müssen wir alle wieder von vorne anfangen.« Er fragte mich nach meinem Namen, Geburtsdatum, Geburtsort und ob ich einen Beruf erlernt hätte. Ich erzählte ihm, dass ich noch in der Ausbildung zur Friseuse gewesen sei, als ich mit meiner Mutter aus Angst vor den Russen nach Prag flüchtete und dabei erst recht ins Elend geraten war.

»Da haben Sie Glück, dass es Sie jetzt in die amerikanische Besatzungszone verschlagen hat. Obwohl es bei uns in München auch noch drunter und drüber geht, kehrt doch allmählich Normalität ein. Trotzdem musste meine Frau heute Morgen um drei Uhr aufstehen, um sich vor einem Bäckerladen anzustellen. Ist dann aber ohne Brot heimgekommen, da die Regale leer waren, als sie dran war.«

»Ja, ich weiß, dass es auch hier nicht leicht ist«, erwiderte ich.

»Aber nicht so schlimm wie in der sowjetisch besetzten Zone«, murmelte er. »Seien Sie froh, dass Sie hier sind. Die Amerikaner helfen uns beim Wiederaufbau, während die Russen ihre Zone nur ausbeuten.«

Er blätterte in einer Kartei, zog eine Karte hervor und schrieb dann eine Adresse auf einen Zettel. Er reichte ihn mir. »Hier, melden Sie sich dort bis spätestens vier Uhr nachmittags. Sie brauchen nicht mehr ins Lager zurück.«

Ich nahm das Papier an mich, wollte noch eine Frage stellen, doch da rief der grauhaarige Mann schon den Nächsten auf.

Hilflos stand ich auf der Straße mit einem Zettel in der Hand, auf dem die Adresse eines Friseurgeschäfts in Oberschleißheim stand. Ich hatte kein Geld und keinen blassen Schimmer, wie ich dort hinkommen sollte. Wenn jetzt nur der Ludwig hier wäre, dachte ich, der würde mich gleich zu diesem Laden bringen. Aber ich wusste, dass ich keine Chance hatte, ihn zu finden, denn seine Anschrift hatte ich mir nicht gemerkt. Im Lager auf ihn zu warten, war ebenfalls nicht möglich, weil ich bereits am Nachmittag in Oberschleißheim sein sollte.

Also fragte ich den nächstbesten Passanten, wie ich zu diesem Ort im Norden von München hinkam. Ich hatte irgendwie angenommen, dass er ganz in der Nähe von Allach lag. So einfach jedoch war es nicht, zumindest nicht im Nachkriegsmünchen.

Das Beste wäre, erst einmal zum Hauptbahnhof zu fahren, empfahl mir der freundliche Passant, denn von dort würde sicher ein Zug nach Schleißheim fahren.

Ich weiß heute nicht mehr, wie ich am Ende zu diesem Friseurladen gelangte. Ich weiß nur, dass ich stundenlang durch die Stadt irrte, bis ich schließlich einen Zug fand, der tatsächlich in die richtige Richtung fuhr.

Meine künftige Chefin, die mich von oben bis unten musterte, war mir von Anfang an unsympathisch. Ich sollte doch bitte bei einer Kundin eine Wasserwelle legen – wenn ich das zufriedenstellend machte, wäre ich eingestellt.

Obwohl ich von dem vielen Herumrennen todmüde war und mich kaum mehr auf den Beinen halten konnte, machte ich mich, den Tränen nah, an die Arbeit. Voll Sehnsucht dachte ich an meinen früheren Chef, den Herrn Elsner, der immer so nett zu mir gewesen war und nie schimpfte, wenn einmal etwas danebenging. Doch ich bekämpfte die aufsteigenden Tränen und konzentrierte mich ganz auf die Kundin, die zum Glück recht pflegeleichtes Haar hatte. Als ich die sanften Wellen betrachtete, wunderte ich mich selbst, dass ich die Frisur so gut hinbekommen hatte.

Friseurmeisterin Rosa Mayer begutachtete mein Werk lange von allen Seiten und nickte dann gnädig. »Ja, das haben Sie gut gemacht. Sie können bleiben.«

Am Abend zeigte sie mir nach Ladenschluss mein Zimmer – der nächste Schock an diesem Tag, denn die Kammer lag am Ende eines langen Ganges und war dunkel und feucht. Auch hier klafften tiefe Risse in den Wänden. Durch das einzige Fenster sah man auf eine halb verfallene Terrasse mit einer gemauerten

Balustrade, von der ein paar Steintreppen in einen großen Hof führten, in dem Hühner und Enten herumliefen. Gegenüber befand sich ein Stall, in dem ein paar Kühe und Schweine gehalten wurden.

Das Schlimmste aber kam, als ich kurz vor dem Zubettgehen in den Mauerrissen mehrere dicke, schwarze Spinnen entdeckte, die sich dort eingenistet hatten. Es war mir, als ob sie die ganze Nacht auf mich herabschauten, und seitdem leide ich an einer Spinnenphobie.

Nach ein paar Tagen hatte sich in Oberschleißheim offensichtlich herumgesprochen, dass im Salon Mayer eine neue, junge und hübsche Friseuse arbeitete, und plötzlich verdoppelte sich die Zahl junger Burschen, die zum Haareschneiden kamen.

Einer von ihnen war besonders hartnäckig. Er kam nur zur Haarwäsche, denn seine Frisur war bereits so kurz, dass es beim besten Willen nichts mehr zum Abschneiden gab. Er hieß Ernst. Nach der Arbeit wartete er auf mich, um mit mir noch ein wenig spazieren zu gehen. Die ersten beiden Male, als wir uns trafen, waren wir allein, dann stellte er mich seinen Freunden vor.

An einem lauschigen Platz am Ufer der Amper fanden sich bei schönem Wetter Abend für Abend die jungen Leute des Ortes ein. Wir saßen zusammen, unterhielten uns und lachten. Einer der Burschen besaß eine Ziehharmonika, und wir sangen dazu, wenn er spielte. Vom Krieg wollte keiner mehr etwas wissen, und niemand redete davon. Auch die heroischen Lieder aus großdeutscher Zeit hatten ausgedient. Amerikanische

Rhythmen waren gefragt, daneben romantische Klänge wie der Schlager von den »Capri-Fischern«, der 1943 nach der Landung der Amerikaner in Süditalien verboten worden war. Welch ein Witz!

»Wir haben beschlossen, nächstes Wochenende für drei Tage auf eine Alm in der Nähe von Oberammergau zu wandern. Willst du mitkommen?«, fragte mich der Ernst eines Tages, als er mich wieder von der Arbeit abholte.

»Aber ich habe doch gar nichts anzuziehen!« Noch immer bestand meine ganze Garderobe aus dem karierten Kleid und dem grünen Pullover. »Wie sieht denn das aus?«

Ernst äußerte sich nicht dazu, doch als wir uns das nächste Mal mit den anderen an der Amper trafen, schenkte mir ein Mädchen eine alte Trainingshose, und eine andere überreichte mir ein Paar Wanderschuhe. »Die schenk ich dir, damit du nächste Woche mit uns auf die Alm gehen kannst«, sagte sie.

Ich wusste, dass die Mädels selbst nicht viel besaßen, denn niemand hatte in diesen Zeiten etwas Ordentliches zum Anziehen. Umso dankbarer und gerührter war ich über die Geschenke.

Es war wie ein Wunder: Ich war noch keine zwei Wochen in Oberschleißheim, und schon fuhr ich inmitten einer fröhlichen Runde in die Berge. Das Wetter war herrlich und ungewöhnlich warm für Ende April. Ich war aufgeregt, denn noch nie war ich in den Alpen gewesen, nur einmal vor dem Krieg in der Sächsischen Schweiz, aber das waren ja keine richtigen Berge, verglichen mit den schneebedeckten Riesen, die ich jetzt sah.

Es roch nach Erde, schmelzendem Schnee und Frühlingsblumen, als wir zu der Almhütte wanderten, in der wir zwei Nächte verbringen wollten. Nie werde ich diese wunderschönen, sorglos-heiteren Tage vergessen.

Der Ernst hingegen war damals nicht so begeistert, wie er mir später einmal anvertraute, denn als wir in fröhlicher Runde das Spiel: »Ich sitze da und schneide Speck, und wer mich lieb hat, der ist weg«, spielten, hatte ich nicht ihn geholt, sondern seinen Freund Max und ihm ein Busserl gegeben. Das hätte ihn furchtbar gekränkt, sagte er.

Doch in den folgenden Wochen sollte sich sein Kummer legen, denn ich erwiderte endlich seine Zuneigung – ich ging mit ihm, wie man das damals so schön nannte.

Ich war froh, dass ich den Ernst hatte, denn meine Chefin mochte ich nach wie vor nicht. Außerdem hatte ich das Gefühl, dass in dem Haus seltsame Dinge vor sich gingen, dass nachts oft Stimmen und lautes Lachen zu hören waren, als ob sich in den Zimmern Paare vergnügten.

Als ich dem Ernst von meinen Beobachtungen erzählte, versprach er, sich nach einer anderen Unterkunft umzuschauen.

Da dies in Anbetracht der derzeitigen Wohnungsnot länger dauern würde, schaffte er mir erst einmal die schrecklichen Spinnen vom Leib.

Überhaupt war er rührend besorgt um mich und brachte mir gelegentlich etwas zu essen mit – einmal zog er sogar zwei große Fleischpflanzerl aus seinen Hosentaschen.

»Darf deine Mutter nicht wissen, dass du mich mit Essen versorgst?«, fragte ich ihn, während ich die Frikadellen, wie das bei uns zu Hause hieß, an Ort und Stelle vertilgte. Er wurde ein wenig verlegen, sagte aber nichts.

Nachdem sich mein Magen wieder an regelmäßiges Essen gewöhnt hatte, schien er ein Fass ohne Boden zu sein, und ich hätte beständig in mich hineinstopfen können. Außer den Essensrationen, die mir der Ernst zuschob, hatte ich noch meine Lebensmittelmarken, mit denen ich jeden Mittag in den Gasthof »Bergwirt« ging.

Oberschleißheim besitzt ein wunderschönes Schloss, das die Wittelsbacher Kurfürsten einst vor den Toren ihrer Residenz erbauten, und einen ebenso schönen Schlosspark, in dem wir oftmals spazieren gingen. Eines Tages, als wir wieder einmal dort waren und uns auf eine Wiese setzten, brachte ich vorsichtig die Rede auf sein Elternhaus. Ich spürte, dass der Ernst trotz seiner vielen Freunde einsam war und der Grund dafür in seinem Elternhaus lag, von dem er mir noch nie erzählt hatte.

»Fällt es nicht auf, wenn du mir von daheim Essen mitbringst?«, startete ich einen neuen Versuch, denn ich wollte endlich mehr über seine Familie erfahren.

Wieder versuchte er auszuweichen, doch ich blieb hartnäckig. »Wo wohnst du eigentlich? Du holst mich immer von der Arbeit ab, und wir gehen in den Schlosspark oder treffen uns mit den anderen an der Amper. Ich könnte ja auch einmal zu dir nach Hause kommen, oder?« Da schaute er zu einem großen Gasthof hinüber, der von unserem Platz aus gut zu sehen war.

»Da drüben in dem Gasthof, da wohne ich«, bemerkte er wie nebenbei.

»Hast du dort ein Zimmer?« Ich warf ihm einen fragenden Blick zu. »Nein, ich bin dort richtig zu Hause.« Er sprach immer Hochdeutsch, wenn wir alleine waren. Im Krieg hatte er sich das Hochdeutsch angewöhnt, weil alle seine Kameraden bei den Fallschirmjägern aus Norddeutschland stammten, erklärte er mir. Wenn wir uns jedoch mit seinen Freunden aus dem Ort trafen, verfiel er in seinen bayerischen Dialekt, besonders, wenn er etwas getrunken hatte.

Ich staunte nicht schlecht. »Der große Gasthof gehört deinen Eltern?«

»Eigentlich meiner Mutter, mein Stiefvater hat nur eingeheiratet. Er stammt aus Niederbayern.«

Im Laufe dieses Abends, während wir im Schlosspark auf einer Decke auf der Wiese lagen, wurde er immer gesprächiger. Er erzählte mir, dass sein Urgroßvater den Gasthof gekauft hatte, als er 1871 aus dem Deutsch-Französischen Krieg heimkehrte. Er war wegen Tapferkeit vor dem Feind ausgezeichnet worden und hatte eine gute Entlohnung erhalten, von der er den Gasthof »Zur Luitpold-Linde« gekauft hatte.

»Schau, dort drüben! Da siehst du den Lindengarten. Aber zurzeit ist nicht viel los. Es ist nicht mehr wie vor dem Krieg.«

»Dann könnte ich ja bei euch im Gasthof zu Mittag essen.«

»Nein«, meinte er schnell, »bei uns gibt's nichts auf Marken.«

Ich musste an den Ludwig in München denken, in dessen Familie ich sofort aufgenommen worden war.

Beim Ernst schien alles anders zu sein. Jetzt wusste ich immerhin, dass er bei Mutter und Stiefvater lebte, und plötzlich erzählte er, dass er einen Bruder hatte.

»Der kommt aber nicht mehr heim«, meinte er bedrückt. »Den haben sie nach Sibirien verfrachtet. Er ist jünger als ich. 1942, da war er gerade einmal achtzehn Jahre alt, kam er zum Arbeitsdienst, dann zur Flak hinter der Front. Wir erfuhren durch einen Kameraden, dass er in russische Gefangenschaft geraten ist. Wir haben nie wieder etwas von ihm gehört.«

»Man sollte die Hoffnung nicht aufgeben«, bemerkte ich leise. »Ich glaube jedenfalls ganz fest daran, meine Mutter bald wiederzusehen.«

»Du wirst doch nicht schon wieder fortgehen?«, fragte er erschrocken.

»Nein«, beruhigte ich ihn. »Ich wüsste ja gar nicht, wie ich nach Leutersdorf kommen sollte. Aber einmal muss es sein. Ich möchte außerdem meine Ausbildung in meinem alten Lehrbetrieb zu Ende bringen. Bei dieser Rosa Mayer bleibe ich jedenfalls nicht mehr lange. Das ist eine ganz entsetzliche Frau.«

Er seufzte. »Ich weiß, aber es ist wirklich schwer, eine andere Unterkunft zu finden.«

»Bei euch in dem großen Haus gibt es keine Möglichkeit?«, fragte ich vorsichtig.

Er schüttelte den Kopf. Ich merkte, wie er sich wieder vor mir verschloss. Mir fiel ein, dass vor ein paar Tagen, als ich am Gasthof »Luitpold-Linde« vorbeiging, sich ein Vorhang an einem der oberen Fenster bewegte und eine Frau mittleren Alters neugierig zu mir hinunterblickte. Als ich näher kam, wurde der Vorhang schnell wieder zugezogen. Das muss die Mutter vom Ernst gewesen sein, und bestimmt wusste sie von mir.

Als könnte er Gedanken lesen, meinte er plötzlich lachend: »Meine Tante hat meiner Mutter erzählt, dass ich bei dir übernachtet hätte, weil sie die ganze Nacht mein Rad im Hof von der Mayer hat stehen sehen. Dabei stand es doch bloß da, weil ich einen Platten hatte. Das hat sie natürlich nicht gesehen – diese elenden Ratschweiber!«

»Was tut denn deine Tante im Hof von der Mayer?«

»Der Stall, den du von deinem Fenster aus siehst, gehört meinem Onkel Ludwig. Sein eigener Stall wurde in den letzten Kriegsmonaten von einer verirrten Bombe getroffen. Sie richten ihn gerade wieder her«, klärte mich der Ernst auf, der heute endlich einmal aus sich herausging. »Mein Onkel war auf dem Feld, als die Bombe einschlug. Er sah, dass es auf seinem Hof brannte. Die Tante, mein Cousin und meine Cousine waren daheim. ›Die sind alle tot‹, war sein erster Gedanke. Du kannst dir nicht vorstellen, wie froh er war, als er seine Familie dann gesund und munter vorfand. Keiner von ihnen war zum Glück im Stall gewesen, als es passierte. Von dem Vieh ist allerdings nur der klägliche Rest übrig, den du von dem Fenster aus sehen kannst.«

»Dann ist das deine Tante, die jeden Morgen die Hühner füttert?«

»Ja, die Tante Resi. Ich war als Bub oft auf ihrem Hof und habe in der Landwirtschaft mitgeholfen.«

Ende der fünfziger Jahre sollte der Onkel Ludwig das Geschäft seines Lebens machen und seinen Grund und Boden für eine Neubausiedlung verkaufen. Von dem »Wirtschaftswundergeld« kaufte er sich dann einen Hof in Niederbayern. Auch das Gasthaus der Familie verschwand ebenso wie der wunderschöne Lindengarten.

Doch im Frühjahr 1946 dachte man an solche Entwicklungen nicht im Entferntesten. Wir saßen schweigend da und lauschten dem Abendwind, der sanft über die Wiese strich und die zart grünenden Sträucher des Schlossparks sanft erzittern ließ.

Wieder war es Mai, wieder blühten die Bäume wie im Jahr zuvor. Sie wussten nichts von Krieg und Frieden. Aus der Asche wuchs neues Leben. Frisches Grün spross aus den Ruinen.

Die große Politik und das kleine Glück

Die Wochen vergingen, ohne dass mich der Ernst seiner Familie vorstellte. Trotzdem kamen wir uns mit der Zeit immer näher und waren überzeugt von einer gemeinsamen Zukunft.

Er erzählte mir, dass er sich bei der Polizei beworben hatte und angenommen wurde. Nächste Woche musste er nach München zum ersten Lehrgang. »Sie nehmen nur unbelastete Personen«, sagte er. »Alle früheren Polizeieinrichtungen sind von den Amerikanern aufgelöst worden. Jetzt beginnen sie mit dem Aufbau der Bayerischen Polizei unter Aufsicht der US-Militärregierung.«

Seit einiger Zeit mussten Fragebögen ausgefüllt werden, mit deren Hilfe die Amerikaner herausfinden wollten, wer Nazi gewesen war und wer nicht. Dabei ging es nicht immer ehrlich zu. Manche halfen mit Geld oder anderen »Tauschobjekten« nach, damit ein Freund oder Nachbar sie reinwusch und sie ihren Persilschein erhielten, wie die Unbedenklichkeitsbescheinigungen der Amerikaner im Volksmund genannt wurden. Ich bekam das selbst einmal im Friseurladen mit.

»Wissen Sie denn gar nicht mehr, Frau Mayer, dass ich 1942 eine Jüdin in meinem Haus versteckt habe?«, fragte eines Tages ein älterer Herr, der mir immer irgendwie undurchsichtig erschienen war, mit einschmeichelnder Stimme. »Und zwar mehrere Tage lang, bis sie eine Gelegenheit zur Flucht fand. Die wäre sonst nach Dachau ins KZ gekommen! Sie müssen sich doch daran erinnern! Ich habe es Ihnen gleich an dem Tag anvertraut, als es hieß, dass sich Hitler erschossen hat.«

Meine Chefin verzog spöttisch die grell geschminkten Lippen. »Kann mich gar nicht daran erinnern«, erwiderte sie kurz angebunden und tat dabei sehr beschäftigt.

»Aber ich bitte Sie, so etwas vergisst man doch nicht!«

»Sagen Sie doch gleich, dass Sie einen Persilschein für Ihre Entnazifizierung brauchen«, zischte sie ihm leise zu. »Da lässt sich schon etwas machen. Aber natürlich nicht umsonst.«

Überhaupt bekam man eine Menge im Salon mit und lernte die Menschen kennen. Während die Frauen meist über Filmstars und Mode tratschten, ließen sich die männlichen Kunden gern über Politik aus, und so erfuhr ich einiges von der großen Welt. Mir wurde jetzt klar, in welcher Ahnungslosigkeit man uns junge Leute während der Hitlerzeit gehalten hatte. Außer Deutschland durfte es nichts auf der Welt geben, und wir mussten genauso denken, wie die Partei es vorschrieb. Andere Kulturen und Völker waren verpönt gewesen und als minderwertig diffamiert worden – gegen sie die eigene, edle und überlegene arische Rasse zu verteidigen, das sollte unsere Aufgabe sein.

Eigentlich hatten wir jungen Leute von Politik die Nase voll, denn man hatte uns zu lange belogen und betrogen. Trotzdem waren wir nicht oberflächlich oder gleichgültig, sondern erkannten deutlich, dass eine neue Zeit angebrochen war und wir uns darauf einstellen mussten. Deshalb hörte ich auch gerne zu, wenn ich von Kunden Neuigkeiten erfahren konnte.

So erzählte mir ein netter alter Herr, dass jetzt so kurz nach dem Krieg schon wieder Konflikte entstünden, neue jedoch. Von einem Eisernen Vorhang sprach er, der Ost und West zu trennen beginne, und dass der englische Premier Churchill diesen Begriff erfunden habe. »Und so weit wird es auch noch kommen, mein Kind«, prophezeite er mir. »Auch in Deutschland wird sich bald solch ein Vorhang senken und die Ostzone von den Westzonen trennen. Da drüben im Osten fangen sie schon mit dem Kommunismus an. Es gibt nur noch eine Einheitspartei, und das Eigentum soll abgeschafft werden. Die Banken sind schon verstaatlicht. Wenn das so weitergeht, dann wird es nichts mehr mit einem einheitlichen deutschen Staat, denn hier im Westen werden die Alliierten solche Dinge nicht erlauben.«

»Was bedeutet denn das alles?«, fragte ich ihn voll Angst, denn seine Äußerungen verhießen nichts Gutes.

»Dass es bald ein geteiltes Deutschland geben wird. Wir können nur froh sein, in den Westzonen zu leben«, sagte er. »Aber Sie kommen, der Sprache nach zu urteilen, aus dem Osten. Hab ich recht?«

»Kennen Sie die Oberlausitz?«

Er nickte. »Freilich, schließlich war ich einmal Geografielehrer an einem Münchener Gymnasium, aber ich bin schon während des Krieges in Pension gegangen. Möchten Sie wieder zurück?«

Ich nickte heftig. »Ich will doch meine Mutter und meine Großmutter wiedersehen.«

»Schreiben Sie den beiden lieber, dass sie hierher kommen sollen, solange es noch möglich ist«, riet er mir und verließ lächelnd den Laden, nachdem er mir ein großzügiges Trinkgeld zugesteckt hatte.

An diesem Tag kaufte ich mir seit langer Zeit wieder einmal eine Zeitung.

Ich las, dass Stalin Churchill als Kriegsbrandstifter bezeichnete und Churchill tatsächlich von einem Eisernen Vorhang zwischen Stettin an der Ostsee und Triest an der Adria sprach. Mir wurde klar, dass der nette Kunde mir die Wahrheit gesagt hatte. Angstvoll dachte ich daran, dass diese Entwicklung auch mich ganz persönlich treffen und mir den Weg nach Leutersdorf, zurück in meine Heimat versperren könnte.

Vor drei Wochen hatte ich meiner Großmutter einen Brief geschrieben, aber noch keine Antwort erhalten. Ich war mir nicht einmal sicher, ob sie ihn überhaupt erhalten hatte, denn der Postverkehr in die Sowjetzone funktionierte nur schleppend. Ich schämte mich fast ein wenig, dass ich die letzte Zeit so selten an zu Hause dachte und mein Leben mit dem Ernst und unserem Freundeskreis in vollen Zügen genoss. In den Monaten zuvor hatte ich doch nur das eine gewollt: zurück in mein Dorf, zurück zu meiner Mutter und Großmutter. Dass ich erst einmal in Bayern landete, war Schicksal oder Zufall, jedenfalls nicht meine eigene Entscheidung gewesen.

Einige Wochen lang hatte ich vergessen, wohin ich eigentlich gehörte. Aber gehörte ich wirklich noch dorthin? Würde Leutersdorf noch das Dorf sein, das ich vor gut einem Jahr verlassen hatte? Zwar war auch dort der Krieg zu Ende, und es war Normalität eingekehrt, aber jetzt schien das ganze Land im Würgegriff der sowjetischen Besatzer zu stöhnen.

Ich befand mich in einem Zwiespalt. Mir war klar, dass ich momentan nicht fort konnte, weil viele Bahnverbindungen nach wie vor nicht existierten. Hinzu kam, dass ich nicht genug Geld besaß und eine Reise im Juni 1946 von der amerikanischen in die sowjetische Besatzungszone abenteuerlich war.

So nahm ich mir vor, erst einmal einen zweiten Brief an meine Großmutter zu schreiben und zu hoffen, dass sie ihn erhielt. Eines stand für mich jedoch fest: dass ich noch in diesem Jahr in meine Heimat zurückkehren würde. Allerdings – auch das war sicher wie das Amen in der Kirche – würde es nur eine Heimkehr auf Zeit sein, denn anschließend wollte ich zu meiner neuen Liebe zurück.

Ende Juni eröffnete mir der Ernst, dass er auf die Polizeischule nach Einsiedl am Walchensee musste. »Ich könnte dir dort bei einem Bauern ein Zimmer besorgen«, schlug er vor. »Du könntest ein paar Wochen Urlaub machen.«

Sein Vorschlag klang verlockend, und je länger ich darüber nachdachte, desto mehr reifte in mir der Entschluss, bei Frau Mayer zu kündigen.

Dann kam ein Brief von meiner Großmutter. Wie sehnlich hatte ich darauf gewartet! Sie schrieb mir, dass sie von meiner Mutter bisher kein Lebenszeichen hätte, auch nicht von Onkel Kurt, der vermutlich in russischer Kriegsgefangenschaft war. Sie hatte mit meinem früheren Chef gesprochen, und der würde sich freuen, wenn ich wieder bei ihm anfangen könnte. Ich sei einer seiner besten Lehrlinge gewesen, sagte er der Großmutter.

Jetzt stand für mich fest, dass trotz aller Widrigkeiten die Zeit gekommen war für die Reise nach Leutersdorf. Aber vorher wollte ich noch ein paar schöne Wochen mit Ernst verbringen.

»Ich komme mit an den Walchensee«, sagte ich, als er mich von der Arbeit abholte. »Danach fahre ich heim. Irgendwie werde ich es schon schaffen. Aber ich muss einfach nach meinen Angehörigen sehen und zu Hause meine Lehre zu Ende bringen.«

»Verstehe. Bei der alten Hexe würde ich auch nicht länger bleiben«, meinte er nur und zog ein Paar Regensburger Würstl aus der Hosentasche. Als ich die dicken, kurzen Würste sah, stiegen mir plötzlich Tränen in die Augen.

»Was ist denn los?«, fragte der Ernst besorgt. »Ist es wegen der Rosa Mayer?«

Ich schüttelte den Kopf und starrte weiter auf die saftigen Würste. »Weißt du, woran mich das erinnert?«, fragte ich ihn.

»Keine Ahnung, aber du wirst es mir sicher gleich erzählen.«

»Es war Weihnachten in Pankratz. Du kannst dir nicht vorstellen, was in den Zellen los war, als wir solche Würste bekamen. Die Frauen stürzten sich wie von Sinnen darauf.«

»Jetzt hör auf zu weinen«, sagte er beinahe grob, obwohl ich wusste, dass ihm mein Gefühlsausbruch naheging. »Beiß lieber hinein.«

Am Tag darauf brach er zu seiner Polizeischule auf, doch schon zwei Wochen später schrieb er mir, dass er für mich ganz in der Nähe seiner Unterkunft ein schönes Zimmer auf einem Bauernhof gefunden hatte. Es war wunderbar!

Sofort kündigte ich im Mayerschen Friseursalon und machte mich auf den Weg. Mit dem Zug fuhr ich bis Kochel, von wo aus ich den Bus nach Urfeld nehmen sollte, hatte mir mein Freund geschrieben.

Ich wartete und wartete, doch es wollte kein Bus kommen. Schließlich fasste ich den Entschluss, zu Fuß zu gehen – ich hatte keine Ahnung von der Länge des Weges. Nach einer Stunde, in der mir kaum ein Mensch begegnet war, sah ich plötzlich einen Kleinlaster vom Typ »Blitz«. Ich blieb stehen, hob die Hand und gab dem Fahrer auf diese Weise zu verstehen, dass ich mitgenommen werden wollte. Der Wagen hielt an, und ein älterer Mann, vermutlich ein Bauer, fragte: »Na, Dirndl, wo willst denn heute noch hin?« Als ich ihm sagte, dass ich bis zum Walchensee müsste, meinte er lachend: »Da hast du aber einen weiten Weg vor dir. Komm, steig ein! Kannst ein Stückerl mitfahren.«

Wie viele andere Autos war der Wagen mit einem Holzvergaser ausgerüstet, weil Benzin Mangelware war. »Ja, was soll man machen«, seufzte der Mann. »Der Nachteil ist, dass man alle zwanzig bis dreißig Kilometer Brennholz nachlegen muss.« Er lachte herzhaft. »Aber Holz hab ich als Bauer genug.«

Irgendwann musste ich meinen Weg zu Fuß fortsetzen, weil der Bauer von der Straße abbog, um zu seinem Hof zu kommen. Immerhin war mir ein gutes Stück Fußmarsch erspart geblieben, und es war nicht mehr so weit bis Eindsiedl, wo der Ernst bereits vor der Polizeischule auf mich wartete.

Von dort allerdings mussten wir eine weitere halbe Stunde laufen, bis wir zu meinem Zimmer kamen. Ich konnte mein Glück kaum fassen, als ich nach langer Zeit endlich wieder in einem, wenn auch kleinen, aber hellen und sauberen Raum wohnen durfte. Am Fenster hingen rot karierte Gardinen, und auf der Kommode stand eine Waschschüssel aus elfenbeinfarbenem Porzellan. Ich legte mich in das frisch bezogene Bett und fühlte mich so glücklich und frei wie schon lange nicht mehr. Ich lauschte auf das leise Glockengeläut, das der Wind vom Dorf her über die goldenen Weizenfelder und grünen Wiesen bis zum Einödhof trug. Ich versuchte, nicht gleich einzuschlafen, weil ich diesen Abend noch ein wenig festhalten wollte, doch nach dem langen Marsch übermannte mich der Schlaf innerhalb weniger Minuten.

Am nächsten Morgen weckten mich das beharrliche Krähen des Hahns sowie ein breiter Sonnenstrahl, der mir direkt ins Gesicht fiel. Ich schlug die Augen auf, und es dauerte eine Weile, bis ich mich zurechtfand. Durch das Fenster, das ich die ganze Nacht weit geöffnet gelassen hatte, strömte ein süßer Duft von Sommerblumen und Wildkräutern herein.

Mich befiel ein herrliches Gefühl von Zwanglosigkeit, Freiheit und Leichtigkeit. Ich sprang aus dem Bett, lief zum Fenster und sah die Sonne schon hoch über den Zacken und Gipfeln der Berge stehen. Ich blickte auf grüne Almwiesen, auf denen Kühe weideten, und über die Hochebene hinweg, auf der verstreut Bauernhöfe lagen, konnte ich den Walchensee sehen.

Die Jungbäuerin ging gerade mit Milcheimern über den Hof und schaute zu mir hinauf. In meiner Unbekümmertheit winkte ich ihr zu, und sie erwiderte meinen Gruß, wenngleich recht reserviert.

Mein Zimmer befand sich nicht im Bauernhof selbst, sondern im Austragshäusl, in dem auch die alte Bäuerin wohnte, die mich am Abend zuvor herzlich und freundlich willkommen geheißen hatte. Sie klopfte jetzt an meine Tür und teilte mir mit, dass das Frühstück fertig sei. Ich solle doch gleich nach unten kommen, sonst würde der Kaffee kalt.

Das alles erschien mir so unwirklich, dass ich mich erst einmal in den Arm zwickte. Vielleicht träumte ich ja! War ich wirklich nicht mehr in einer Gefängniszelle oder in dem hässlichen Spinnenzimmer, sondern auf einem wunderschönen Bauernhof inmitten einer herrlichen Landschaft und wurde gerade zum Frühstück gerufen?

Der Frühstückstisch war auf der kleinen Terrasse vor dem Haus gedeckt, und die Bäuerin schaute belustigt zu, wie ich mich mit gutem Appetit und recht unbekümmert über das Essen hermachte.

Aber sie blickte auch auf meine schäbige Trainingshose und meinte mitleidig: »Gell, Fräulein, Sie haben wohl auch viel mitgemacht. Wie halt alle aus der Stadt.« Bei meiner Ankunft hatte sie zudem offenbar meine winzige Tasche bemerkt und daraus ihre Schlüsse gezogen.

Ich erzählte ihr, dass ich eigentlich kein Stadtkind war, sondern in einem Dorf aufgewachsen war. Auch von meiner Odyssee berichtete ich in ein paar Sätzen, nur damit sie einigermaßen Bescheid wusste. Ansonsten wollte ich nichts anderes, als diesen schönen Sommertag genießen, an dem die Welt für mich wieder in Ordnung war.

»Und der junge Mann, der Sie gestern hergebracht hat, der ist wohl Ihr Freund?«, fragte sie neugierig.

»Ja, er ist derzeit auf der Polizeischule in Einsiedl.« Ich nahm mir ganz automatisch noch eine Scheibe Brot und bestrich sie dick mit fetter Bauernbutter. Als ich ihren Blick bemerkte, wurde ich ein wenig rot. »Es ist die letzte Schnitte«, entschuldigte ich mich für meine Gefräßigkeit, doch sie lachte nur: »Langen Sie nur kräftig zu, Fräulein! Der große Hof gibt genug her. Hungern haben wir den ganzen Krieg nicht müssen und auch jetzt nicht.«

Ich betrachtete sie näher. Sie wirkte gebrechlich, und ihr gebräuntes Gesicht war von vielen Falten durchfurcht, doch man konnte darin einen Abglanz einstiger Schönheit erkennen.

»Wir haben noch ein Zimmer vermietet«, erzählte sie mir. »Das Fräulein ist ebenfalls mit einem angehenden Polizisten verbandelt. Ich glaube, der schläft manchmal heimlich hier. Aber Sie sind ein anständiges Dirndl, das sehe ich Ihnen an, bei Ihnen kommt das sicher nicht vor.« Mit diesen Worten gab sie mir gleich zu verstehen, dass sie von solchen Sachen absolut nichts hielt.

»An so etwas würde ich im Traum nicht denken«, antwortete ich schnell und meinte es auch so.

»Mir könnte es ja eigentlich egal sein«, fuhr die alte Frau fort. »Ich hab auf dem Hof ohnehin nicht mehr viel zu sagen. Meine Schwiegertochter führt hier das Regiment, und ein wenig schon der Knecht.«

Ich warf ihr einen erstaunten Blick zu, sagte zwar nichts, merkte aber, dass die Bäuerin ein wenig Ansprache brauchte und meine Gesellschaft genoss.

Obwohl ich lieber gleich zum See gewandert wäre, blieb ich noch eine Weile bei ihr sitzen. Mit einem Mal dachte ich, dass diese Idylle auf dem schönen Hof nicht so heil war, wie sie aussah.

»Sie haben doch ein wenig Zeit, Fräulein, oder treffen Sie sich gleich mit Ihrem Freund?«, fragte die Bäuerin prompt.

»Nein, der hat ja bis zum Nachmittag Unterricht«, erwiderte ich höflich.

Die alte Frau nickte mir dankbar zu und blinzelte in die Sonne.

»Fast ein ganzes Jahr hatten wir eine Flüchtlingsfamilie mit fünf Kindern aus Pommern hier wohnen«, erzählte sie mir. »Im März sind sie nach Köln umgezogen, als der Mann aus der Gefangenschaft kam. Sie haben Verwandte dort. Die Frau hat jeden Tag gejammert und geweint, was sie alles mitmachen musste und was sie alles verloren hatte. Ich hätte ja noch den schönen Hof, sagte sie einmal beinahe vorwurfsvoll zu mir. Da ist mir aber die Sicherung durchgebrannt. Sie solle froh sein, dass ihre fünf Kinder noch lebten, hab ich ihr gesagt. Meine drei Buben sind alle gefallen, und ich würde liebend gern den Hof hergeben, wenn der Herrgott sie wieder lebendig machen könnte – das hab ich ihr vorgehalten. Von da an hat sie nicht mehr geweint und ist recht kleinlaut gewesen. Ja, man muss manchen Leuten einmal klar machen, was wirklich zählt auf dieser Welt.« Ihre hellbraunen Augen waren plötzlich feucht geworden.

Ich legte voll Mitleid die Hand auf ihre gebeugte Schulter. »Das tut mir leid, dass Ihre drei Söhne gefallen sind«, sagte ich leise.

»Wenn wenigstens mein ältester Bub wieder heimkehren würde, damit das endlich aufhört zwischen meiner Schwiegertochter und dem Knecht.«

Ich blickte verlegen auf den Boden. Was sollte ich dazu sagen?

Sie erhob sich nun und meinte mit veränderter, heiterer Stimme: »Aber jetzt schauen Sie sich erst einmal die Gegend an. Sicher wollen Sie zum See hinunter. Da drüben führt ein Weg direkt ans Ufer.« Sie deutete mit der Hand zu einem Pfad, der sich durch die Wiesen schlängelte.

»Ich könnte Ihnen auch ein wenig bei der Arbeit helfen«, bot ich der Bäuerin an.

»Haben Sie denn eine Ahnung von der Landwirtschaft?«, fragte sie lächelnd und schaute mich dabei spöttisch an.

»Nein, eigentlich nicht. Ich bin von Beruf Friseuse«, gab ich zu.

»So, so.« Sie musterte mich eine Weile. »So sehen Sie gar nicht aus.«

»Wie müssen denn Friseusen aussehen?«, fragte ich lachend.

Da schmunzelte sie nur und machte eine abwehrende Handbewegung. »Ach, ich rede nur Schmarrn.« Sie rieb sich ihr offenbar schmerzendes Knie. »Wenn Sie möchten, können Sie morgen Vormittag ein wenig beim Heuen helfen. Aber heute schauen Sie sich erst einmal um. Sie haben ja auch genug mitgemacht. Der Krieg hat uns allen so viel Leid gebracht. Jeder hat es auf eine andere Art und Weise erfahren. Heute spannen Sie einfach aus und genießen den schönen Tag.«

Am Nachmittag holte ich den Ernst von der Schule ab. Wir gingen zum See hinunter, und er sprang sofort ins Wasser, während ich kleinlaut gestehen musste, dass ich überhaupt nicht schwimmen konnte.

»Dann wird es aber höchste Zeit, dass du es lernst«, sagte er kurz entschlossen.

Der Gedanke, sich in dem frischen, glasklaren Wasser zu tummeln, war verlockend, aber ich hatte nicht einmal einen Badeanzug. Am Abend redete ich mit der netten Altbäuerin darüber.

»Ja, was können wir denn da tun?«, überlegte sie. »Ich hab in meinem Leben so etwas nicht besessen. Ich glaube, meine Schwiegertochter hat einen, aber die möchte ich nicht fragen.« Sie überlegte hin und her und hatte dann die rettende Idee: »Am besten wär's, Sie stricken sich einen. Ich kann Ihnen helfen, damit er schnell fertig wird. Sie stricken das untere Teil und ich das obere, und dann nähen wir es zusammen.«

»Und wo kriegen wir die Wolle her?«, fragte ich aufgeregt.

»Das ist kein Problem. Ich hab jede Menge Wollreste. Die reichen für einen schönen, bunten Badeanzug.«

Gesagt, getan – bald war der Badeanzug fertig. Zwar war er nicht gerade ein Meisterstück, doch ich hob ihn zur Erinnerung viele Jahre auf. Mit dem Schwimmen ging es dagegen weniger gut, denn ich stellte mich ziemlich dumm an und bin nie eine gute Schwimmerin geworden. Spaß hatten wir trotzdem am See, der Ernst und ich.

Doch kein Glück währt ewig. Es kam ein Brief von meiner Großmutter, in dem sie mich dringend bat, bald heimzukommen. Ich wusste, dass die Zeit reif war, aber ich fuhr in dem Bewusstsein, dass diese drei Wochen am Walchensee die schönste Zeit in meinem Leben gewesen waren. Ich versprach dem Ernst, so bald wie möglich zurück nach Bayern zu kommen, denn es war mir klar geworden, dass wir zusammengehörten.

Reise durch ein zerstörtes Land

Über München ging es durch die amerikanische Zone in Richtung Sowjetsektor. Was früher eine gut ausgebaute Bahnverbindung gewesen war, stellte sich jetzt als abenteuerliches Unternehmen heraus. Eine Direktverbindung über Hof gab es nicht, und so musste ich den Riesenumweg über Kassel nehmen. Immer wieder gab es Stopps, Umleitungen und natürlich Kontrollen.

Während der langen, beschwerlichen Fahrt überdachte ich mein bisheriges Leben. Der Schorsch fiel mir ein, der schon lange tot war, der kleine Schwarzhändler Wiggerl, der mir mit seiner lustigen Art die ersten Tage in München erleichtert hatte, aber vor allem dachte ich an den Ernst. Es war schon richtig so, wie es gekommen war.

In Gedanken sah ich uns am Ufer des Sees liegen. Es schien mir plötzlich, als würde das alles schon unendlich lange her sein und ich würde in einer anderen Welt leben.

Ich hatte ihm von meiner behüteten Kindheit erzählt und dass ich mich darauf freute, meine Familie wiederzusehen. Absurderweise schilderte ich ihm an diesem heißen Sommertag, wie wir daheim immer Weihnachten gefeiert hatten – wie aufregend und schön das stets gewesen sei, selbst noch während der ersten Kriegsjahre.

Da gestand er mir, dass es bei ihm daheim nie ein richtiges Fest gegeben hatte, dass die Mutter am Heiligabend in der Wirtschaft am Schanktisch stand und der Stiefvater mit seiner Zeitung in der Küche saß. Der richtige Vater war schon früh gestorben. Ernst und sein Bruder bekamen keine Geschenke, obwohl Geld genug im Haus war. Zweimal hatte er deshalb während des Krieges seinen Urlaubsschein an Weihnachten verschenkt. Bei diesem Gespräch hatte ich erkannt, dass der Ernst mich brauchte.

Wenn ich nicht gerade solchen Gedanken nachhing, schaute ich aus dem Fenster. Die Fahrt durch das zerstörte Deutschland führte mir die ungeschminkte Realität des Jahres 1946 deutlich vor Augen, die ich in meinem kleinen Paradies am Walchensee beinahe vergessen hätte.

Auf den Bahnhöfen unterwegs sah ich heimkehrende Kriegsgefangene in ihren alten, zerrissenen Uniformen, ehemalige Flüchtlinge, die noch immer auf der Suche nach einem neuen Zuhause waren, und verhärmte Städter, die auf Hamsterfahrt gingen. Es war ein schreckliches Durcheinander: Flüchtlingsfamilien mussten in den zerbombten Bahnhöfen oft tagelang ausharren, bis ihnen eine Unterkunft zugewiesen wurde. Meist waren es nur Frauen und Kinder, denn die Männer hatten in der Regel bislang nicht zu ihren Familien zurückgefunden – sie waren verschollen oder im Krieg gefallen. Ich war froh, dass ich noch keine Kinder hatte, für die ich sorgen musste. Das Leben alleine war schon schwer genug in dieser Zeit voller Hoffnungslosigkeit und keimender Zuversicht zugleich.

Trotz aller Aufenthalte und Behinderungen näherte ich mich Stück für Stück der Heimat. Doch es war nicht mehr die Heimat, wie ich sie in Erinnerung hatte. Gleich hinter Kassel, wo wir die Grenzlinie überquerten, fiel mir ins Auge, dass es hier noch trostloser aussah als im Westen, wo immerhin bereits Zeichen des Neuaufbaus zu erkennen waren. In diesem Teil Deutschlands aber schien das Leben zum Stillstand gekommen zu sein, wenngleich die Tafeln und Spruchbänder mit ihren sozialistischen Parolen einen anderen Eindruck erwecken sollten. Ich fragte mich, ob ein Mensch das überhaupt glaubte, was da stand.

Mittlerweile waren wir in der Sächsischen Schweiz, und der Zug fuhr ein Stück die Elbe entlang. Als ich die schroffen Zinnen der berühmten Bastei im Morgennebel erkennen konnte, wurde es mir für einen Moment warm ums Herz. Der Natur konnte der neue Geist, der nun herrschte, Gott sei Dank nichts anhaben. Zweihundert Meter hoch stiegen die Felsen über dem Fluss in den Himmel. Zerklüftet und durch tiefe Spalten zerfurcht, sahen sie aus wie eine zerfallene Burgruine. Im Vorbeifahren erkannte ich Mauersegler, die pfeilschnell um den Fels flatterten – auch dies ein tröstliches Bild der Ewigkeit. Was waren dagegen das Tausendjährige Reich, das nur zwölf Jahre dauerte, oder die sich jetzt anbahnende kommunistische Ära, die auch irgendwann enden würde? Im Strom der Zeit würden sie nur Episoden sein.

Der Tag neigte sich dem Ende zu. Dämmrig schimmerten die Felswände der gegenüberliegenden Uferseite. Ich sah einen verlassenen Steinbruch, den leicht herbstlich gefärbte Birken überwucherten. Der Fluss schnitt sich immer tiefer in das Tal, die Felsen streckten sich noch steiler in den blassen Abendhimmel.

In einem gottverlassenen Dorf, von dem ich noch nie etwas gehört hatte, blieb der Zug plötzlich eine ganze Stunde stehen, ohne dass wir den Grund erfuhren. Als er sich wieder in Bewegung setzte, kamen wir nach Bad Schandau, wo ich erneut umsteigen musste.

Früher fuhr man von hier aus einfach nach Zittau, doch jetzt ging es erst einmal nach Neustadt und dann weiter nach Bautzen – ein Riesenumweg! Sicher würde es Nacht werden, bis ich zu Hause ankam, dachte ich verzweifelt.

»Über Rumburg und Warnsdorf wäre es doch viel kürzer gewesen«, meinte ich zu meiner Nachbarin, die von einer Hamsterfahrt kam und wegen Überfüllung des Abteils auf einem riesigen, speckigen Rucksack saß, aus dem undefinierbare Gerüche stiegen. Ich fragte mich die ganze Zeit, was wohl in dem Rucksack sein mochte.

»Die Russen haben doch die Gleise abmontiert, da gibt es keine Bahnstrecke mehr«, klärte sie mich auf.

Meine Hoffnung, dass ich heute noch, und sei es auch erst nach Mitternacht, daheim in meinem Bett schlafen konnte, zerschlug sich endgültig, als in Bautzen erst einmal Schluss war. Der Anschlusszug nach Zittau sollte erst morgen Früh um sechs Uhr gehen. So musste ich zusammen mit anderen Passagieren die Nacht in einem lauten, völlig überfüllten Bahnhof ausharren.

Nicht um sechs, sondern erst um sieben Uhr ging es endlich weiter. Im rosa Morgenlicht sah ich die Wälder und Felder, die mir von Kindheit an so vertraut waren. Es war ein frischer, aber schöner Spätsommertag, der da zum Leben erwachte.

Spärlich besiedelt war dieses Land verglichen mit Bayern, denn die Dörfer reihten sich nicht dicht aneinander, sondern waren durch lange, teils schnurgerade, teils stark gewundene Straßen miteinander verbunden. Nach dem Anblick der zerbombten Städte, durch die ich gefahren war, tat es gut, die heil gebliebenen kleinen Orte mit den hübschen Umgebindehäuschen zu sehen, in denen früher die Webstühle standen.

»Schade, dass es sie kaum mehr gibt, die alten Webstühle«, sagte ich in die Runde meiner Mitreisenden. »Eine Tante meiner Großmutter besaß noch einen.«

»Sie sehen das nur von der romantischen Seite, junges Fräulein«, belehrte mich ein älterer, gut gekleideter Mann und warf mir einen nachsichtigen Blick zu. »Ich würde Ihnen empfehlen, einmal Gerhard Hauptmann zu lesen. Der Kapitalismus brachte damals entsetzliches Elend über die Weber. Sie wussten nicht mehr, wie sie ihre Familien ernähren sollten. Kinderarbeit war an der Tagesordnung, und an der Ausbeutung der arbeitenden Klasse hat sich bis heute im Prinzip nichts geändert«, fuhr er mit lauter Stimme fort, sodass es jeder im Abteil hören konnte. »Aber jetzt ist Gott sei Dank Schluss damit. Jetzt weht ein anderer Wind! Jetzt leben wir in einem Land, in dem es allen Leuten gleich gut gehen wird.«

»Das möchte ich mal sehen«, spottete die Frau auf dem Rucksack und zupfte dabei an ihrem Kopftuch. »Allen gleich gut gehen«, wiederholte sie. »Dass ich nicht lache. So etwas hat es ja noch nie gegeben! Ihnen allerdings scheint es schon wieder recht gut zu gehen, sonst hätten Sie nicht so einen piekfeinen Mantel an.« Sie warf dem eleganten Verteidiger des Sozialismus einen herausfordernden Blick zu, den dieser mit einer arroganten Handbewegung beantwortete.

Jetzt mischte sich ein junger Mann ein, der mich schon während der ganzen Zugfahrt seit Bautzen frech angeschaut hatte. Er zündete sich demonstrativ eine amerikanische Zigarette an und meinte lässig: »Warten wir doch erst einmal ob, wie die glorreiche Einheitspartei überhaupt bei den Landtagswahlen abschneidet. Noch ist sie nicht am Zug, und ich hoffe, sie kommt auch nie ans Ruder.« Er spielte auf die Wahlen an, die für den Herbst 1946 angesetzt waren. Allerdings glaubte er wohl noch daran, dass es wirklich freie Wahlen ohne jeden Druck werden würden.

»Machen Sie sich lieber keine Illusionen, junger Mann«, schaltete sich ein gebildet wirkender älterer Herr in das Gespräch. »In Liebenwalde hat die SED eine Parteihochschule eröffnet, in der ihre Mitglieder geschult werden, das Volk vor den Wahlen auf Parteilinie zu bringen. Wenn man dann noch an die bereits erfolgten Verstaatlichungen denkt und die Behinderungen im Grenzverkehr, dann sieht es eher so aus, als würde sich hier mit russischer Hilfe ein kommunistisches System etablieren können.«

»Wenn das so ist, dann hau ich wirklich bald in den Westen ab«, brummte der junge Bursche mit finsterem Gesicht. »Ihr Kommunisten wart doch schon während des Krieges in der Sowjetunion auf Kaderschulen, um für die Machtübernahme im besiegten Deutschland ausgebildet zu werden – jetzt wartet ihr nur auf einen guten Posten, und alles ist wie vorher.

Die einen haben das Sagen, und die anderen müssen sich ducken. Da gibt es doch zwischen euch und den Nazis gar keinen Unterschied. Völlige Gerechtigkeit wird es nie geben.«

»Wir von der Sozialistischen Einheitspartei streben einen demokratischen Staat an. Wer das Gegenteil behauptet, der verbreitet absichtlich Lügen. Nur muss dieser neue Staat unter sozialistischen Vorzeichen stehen und sich deutlich gegen Kapitalismus und Faschismus aussprechen«, dozierte der Überzeugungskommunist.

»Bla, bla, bla ...«, unterbrach ihn der widerspenstige junge Mann. »Das finden Sie also sozial, dass Ihre sowjetischen Freunde unsere ganzen Industrieanlagen demontieren und nach Russland schaffen? Das ist wahre Solidarität!«

Der Bursche mit der amerikanischen Zigarette langte sich vielsagend an den Kopf und zwinkerte mir dabei zu.

»Das tun die Amerikaner auch. Wir Deutschen haben nun einmal den Krieg verloren.« Der Parteifunktionär blickte feindselig von einem zum anderen. »Ihr wolltet ja unbedingt diesen Hitler und den Krieg. Nun müssen wir es eben ausbaden.«

»Wir wollten diesen Hitler nie«, rechtfertigte sich die resolute Frau mit dem Rucksack. »Mein Vater war schon immer Sozialdemokrat, auch unter den Nazis, aber er ist dagegen, dass sich die Sozis mit den Kommunisten vereinigt haben.«

Die beiden Kontrahenten gaben endlich Ruhe. Der Ältere vertiefte sich in seine Zeitung, während der Jüngere mich erneut frech angrinste.

Um abzulenken, wandte ich mich an die Frau mit dem Kopftuch. »Was haben Sie eigentlich in dem Rucksack«, fragte ich sie. »Es riecht so gut.«

»Täuschen Sie sich da nicht?«

»Nun ja, zumindest riecht es nicht übel. Käse, nicht wahr?« Ich warf ihr einen fragenden und wohl auch ein wenig hungrigen Blick zu, denn ich hatte seit Stunden nichts mehr gegessen. Ich war bei meiner Planung von einer zweitägigen Reise ausgegangen, doch jetzt brach bereits der vierte Tag an.

»Harzer Käse, Speck und frisches Bauernbrot«, flüsterte mir die Frau zu, damit es die anderen nicht hörten. Mir lief das Wasser im Mund zusammen. Mein Hals fühlte sich trocken an, und das Schlucken tat weh.

»Sie haben wohl schon lange nichts mehr zwischen den Zähnen gehabt?«, fragte sie mitleidig.

Ich nickte. »Seit gestern Mittag keinen Bissen mehr.«

Die Frau blickte um sich, doch niemand schien sich um uns zu kümmern, selbst der junge Bursche nicht, denn er war eingeschlafen. Sie öffnete den Rucksack einen Spalt breit und zog ein Stück Käse heraus.

»Hier«, sagte sie und schob mir den Käse heimlich zu.

»Danke«, murmelte ich. »Wann wird es endlich wieder genug zu essen geben?«

»So schnell nicht, Fräulein, das kann ich Ihnen prophezeien. Aus uns Deutschen ist ein Bettelvolk geworden, und bei den Russen ist es noch viel schlimmer als im Westen drüben.«

»Das stimmt. Ich komme aus dem Westen«, erwiderte ich.

»Warum, um Himmels willen, bleiben Sie dann nicht drüben?«

»Weil ich meine Angehörigen seit einem Jahr nicht mehr gesehen habe.«

»Ja, der Krieg, der hat uns alle auseinander gerissen«, seufzte die Frau und fragte nicht länger nach meinem Schicksal. Es war ja nur eines unter Millionen.

Heimkehr auf Zeit

Endlich kam ich in Leutersdorf an und lief vom Bahnhof zu unserem Haus. Von außen sah es nicht viel anders aus als früher, aber im Haushalt meiner Großmutter war die Not in diesem Herbst 1946 unübersehbar.

»Es wird immer schlimmer. Wärst doch besser im Westen geblieben«, sagte meine Oma zu mir.

Das tat mir sehr weh. »Ich habe geglaubt, du freust dich, dass ich heimkomme«, antwortete ich enttäuscht.

Da begann sie zu weinen. »Und wie ich mich gefreut habe, als dein Brief kam. Aber du siehst es ja selbst, was aus mir geworden ist! Ich habe keine Energie und keine Hoffnung mehr. Alles ist so anders geworden. Seit Wochen bekomme ich keine Rente mehr. Die Jüngeren wissen sich schon irgendwie zu helfen, aber ich alte Frau, ich kann einfach nicht mehr …«

Solche Reden war ich von meiner resoluten Großmutter gar nicht gewohnt.

»Jetzt wird es besser werden. Ich sorge schon dafür«, machte ich ihr Mut. Dann fragte ich mit banger Stimme: »Weißt du, wann sie die Mutter endlich freilassen?«

»Nein, aber es dauert bestimmt nicht mehr lange«, antwortete die Großmutter und trocknete sich die Tränen. Sie war in den eineinhalb Jahren, in denen ich sie nicht gesehen hatte, stark gealtert. Von der vitalen und robusten Frau, die vor dem Krieg so eifrig ihre Lebkuchen- und Kaffeebestellungen organisiert hatte, war nicht mehr viel übrig. Doch in ihren tiefliegenden blauen Augen schien noch immer ein Funken Hoffnung zu schimmern.

»Deine Mutter hat mir neulich schreiben dürfen. In ihrem Brief hieß es, dass Lenchen und Käthchen sehr krank seien und es auch dem kleinen Robert nicht gut gehe. Aber sie hofft sehr, dass sie bald nach Hause darf.«

»Wir hätten die Kinder nicht mitnehmen sollen«, sagte ich. »Aber wie konnten wir damals wissen, was uns in Prag erwartete?« Ich verstummte, denn plötzlich wurde alles wieder lebendig – die ganze Flucht und die Schrecken danach.

»Was ist richtig, was ist falsch?«, murmelte die Großmutter und wiegte den Kopf. »In Spitzkunnersdorf wurden damals viele Frauen vergewaltigt, es wurde geplündert und herumgeknallt, aber die Russen, die nach Leutersdorf kamen, haben es nicht so arg getrieben und waren schnell wieder weg. Viel habe ich nicht mitbekommen, denn ich bin lieber im Haus geblieben, solange sie sich im Dorf herumtrieben. Immer hatte ich Angst, dass sie plötzlich vor meiner Tür stehen und mich ausplündern würden, aber in unser Haus ist kein einziger Russe gekommen.«

»Da hast du aber mächtiges Glück gehabt.«

Dann fragte ich nach Onkel Kurt: »Ist er noch in Gefangenschaft?«

»Ja, vermutlich. Ich habe schon eine Ewigkeit nichts mehr von ihm gehört.«

Die Großmutter begann wieder zu weinen.

Ich fühlte mich mit einem Mal elend in der Wohnung, in der ich einst sorglos und glücklich gewesen war. Nichts mehr war wie früher, musste ich immer wieder denken. Es war alles so deprimierend!

»Der Onkel Kurt wird bestimmt bald heimkehren, wirst schon sehen. Der hat sich doch immer zu helfen gewusst«, versuchte ich die Großmutter zu trösten.

»Ja, die Amerikaner oder Engländer hätten ihn schon längst nach Hause geschickt, aber er war ja zuletzt in Russland. Aus Sibirien kommt doch keiner zurück.«

Ich legte den Arm um ihre mageren Schultern. »Vielleicht ist er ja gar nicht in Sibirien, und selbst wenn, dem Onkel Kurt traue ich alles zu.«

Dann fragte ich nach dem Rest der Familie, nach Freunden und Nachbarn. Sie erzählte, dass ihre Tochter Elli mit der kleinen Regina zunächst ebenfalls geflohen, dann aber umgekehrt sei und sich in ihrem Haus verschanzt habe. »Es ist ihnen zum Glück nichts passiert«, ergänzte sie. »Und die Elli kommt mich oft mit der Regina besuchen.«

»Dann warst du wenigstens nicht ganz allein.«

Wir schwiegen eine Weile, dann sagte sie: »Ich habe bald kein Holz mehr, von Kohlen ganz zu schweigen. Viele Leute im Dorf tun sich zusammen und schleichen nachts in den Wald, um heimlich Holz zu schlagen. Aber ich alte Frau kann das nicht. Die Heli gibt mir zwar etwas ab, aber viel ist es nicht. Sie hat ja selbst nicht genug. Ihr Mann mit seinem kaputten Bein ist ganz verbittert und launisch. Du wirst ihn nicht mehr erkennen, den Walter. Sie macht viel mit, die Heli. Aber sie lässt sich trotzdem nicht unterkriegen.«

Großmutter rang die Hände. »Ich weiß nicht, wie wir durch den Winter kommen sollen. Wenn nur der Kurt hier wäre oder die Elsa.«

»Ich werde mich um Heizmaterial kümmern, damit wir nicht frieren müssen«, versprach ich. »Wer organisiert denn das mit dem Holz?«

»Geh mal in den nächsten Tagen zum Neumann Karl. Der kümmert sich darum.«

So richtete ich mich wieder in Leutersdorf ein. Wir hatten jetzt September, und Großmutter kochte aus Wildkräutern Suppen, sammelte Bucheckern und presste sie aus, um daraus Öl zu gewinnen. Es gab Bratkartoffeln aus Kartoffelschalen. Im Keller standen zwar noch Einmachgläser mit Senfgurken, Paprika und Kirschen, aber davon alleine konnte man nicht satt werden. Ich hatte meine abgebrochene Lehre wieder aufgenommen, doch ich sehnte mich zurück in den Westen. Trotzdem wollte ich bleiben, meine Großmutter nicht im Stich lassen, denn sie lebte sichtlich auf, seit ich wieder da war. Auch hoffte ich auf die Rückkehr meiner Mutter.

Und dann kam der Tag, an dem sie tatsächlich in der Küche am Tisch saß, als ich von der Arbeit nach Hause kam.

Blind vor Tränen fiel ich ihr um den Hals. Ein paar Minuten lang pressten wir uns aneinander, ohne etwas sagen zu können.

Obwohl sie stark abgenommen hatte, schien sie nicht ernsthaft krank zu sein. Ihre Bräune im Gesicht und an den Armen verriet mir, dass sie draußen gearbeitet hatte.

»Wie schön, dass wir alle wieder zusammen sind«, sagte die Großmutter mit vor Rührung zitternder Stimme. »Jetzt fehlt nur noch der Kurt.«

»Wo sind denn die Kinder?«, fragte ich die Mutter.

»Ich habe sie gleich in Zittau ins Krankenhaus gebracht. Aber der Arzt meinte, dass sie bald wieder gesund werden.«

»Was fehlt ihnen denn?«, fragten die Großmutter und ich gleichzeitig.

»Niemand weiß das so genau. Sie haben Geschwüre am ganzen Körper und so daran gekratzt, dass alles zu eitern anfing. Sie wären besser im Dorf geblieben, die Russen hätten ihnen nichts getan, denn zu Kindern sind sie eigentlich recht nett.«

Dann erzählte sie, wie es ihr ergangen war. Nachdem wir voneinander getrennt worden waren, kam auch sie zunächst ins Gefängnis, aber in ein anderes Stockwerk, wurde jedoch nach wenigen Wochen mit anderen Frauen in ein Lager nach Eger transportiert. Dort musste sie tagaus und tagein auf dem Feld arbeiten.

»Die erste Zeit ging es uns ganz schlecht«, erzählte sie. »Dann besserte sich unsere Situation ein wenig. Anfangs mussten wir in einer riesigen Halle, die inmitten der Felder stand, auf dem blanken Betonboden schlafen. Es herrschte eine schreckliche Hitze, und angesichts der katastrophalen hygienischen Zustände brachen bald Krankheiten aus. In den ersten Tagen gab es nichts zu essen außer einem Stück Brot. Aber da diese Ration nicht ausreichte, um uns bei Kräften und arbeitsfähig zu halten, gaben sie uns schließlich ordentlich zu essen und brachten uns in Baracken unter, in denen es nicht so heiß war und es wenigstens einen

Abort und eine Waschgelegenheit gab. Trotzdem wurden wir natürlich von Läusen und Wanzen geplagt.«

Die Mutter verstummte, blickte mit leeren Augen vor sich hin. Wir spürten, dass sie noch nicht alles gesagt hatte, dass sie das Schlimmste bisher verschwieg. Doch dann musste sie es einfach loswerden. Ein schmerzvoller Zug glitt über ihr Gesicht, als sie wieder zu reden anfing. »Das wäre alles zu ertragen gewesen, wenn nicht Nacht für Nacht …« Sie stockte wieder, konnte es einfach nicht aussprechen. Sie schlug die Hände vors Gesicht. »Es war zu schrecklich, ich kann es nicht erzählen.« Sie weinte bitterlich.

Ich konnte mir denken, was dort Nacht für Nacht geschehen war. Schließlich schaute mich die Mutter an und fragte bang: »Bist wenigstens du verschont geblieben?«

»Ja«, antwortete ich und senkte den Kopf. »Gott sei Dank hat mir keiner was getan.« Dann erzählte ich die Geschichte, wie ich mich mit Helene im Besenschrank verstecken musste: »Da sind wir nur um ein Haar davongekommen.«

»Lass uns von etwas anderem reden und unser Wiedersehen feiern«, sagte die Großmutter und erhob sich vom Tisch. Sie wirkte mit einem Mal richtig lebendig. »Ich habe eine Überraschung für euch.«

Ich blickte ihr erwartungsvoll nach, als sie in den Flur hinausging. Ich hörte die Kellertür knarren und wusste, dass sie dort unten etwas versteckt hatte. Meine Mutter wischte sich die Tränen aus den Augen und lächelte mich an.

»Gut schaust du aus«, sagte sie, »richtig gesund und erholt. So, als kämst du aus der Sommerfrische.«

»Komme ich auch«, antwortete ich und schob meinen Rock hoch, um ihr meine gebräunten Beine zu zeigen.

Dann berichtete ich ihr vom Walchensee, von meinem Freund Ernst und was wir alles gemeinsam erlebt hatten.

Meine Mutter hörte interessiert zu, doch ich merkte, dass sie nicht mehr so schnell wie ich auf ein neues Leben umschwenken konnte. Ihre Gedanken weilten in der Vergangenheit, meine waren auf die Zukunft ausgerichtet.

»Ist das ein fester Freund?«, fragte sie mich argwöhnisch, denn aufgrund ihrer eigenen Erfahrung hatte sie Männern gegenüber ein gespaltenes Verhältnis.

Ich nickte. Dann gestand ich meiner Mutter, während die Großmutter noch im Keller kramte, dass ich nur ein halbes Jahr bleiben würde, um anschließend zurück nach Bayern zu gehen. Alles hier sei mir fremd geworden, meinte ich.

Traurig hörte sie mir zu, sodass ich sie tröstend in den Arm nahm. »Ich bin doch nicht aus der Welt«, versuchte ich sie zu beruhigen.

»Ach, Urselchen«, sagte sie betrübt. »Nun bist du erwachsen. Weißt du noch, wie du als kleines Mädchen immer auf der Nähmaschine gesessen und mir bei der Arbeit zugesehen hast. Bring dein Fingerchen ja nicht in die Nadel, habe ich dich immer ermahnt, wenn du mit deinen kleinen Händchen dahin greifen wolltest, wo es so schön gerattert hat.«

Dann wandte sie sich ein wenig von mir ab, und ich sah, wie sie in Gedanken weit in die Vergangenheit ging. »Dein Vater hat oft gesagt, dass wir das schönste

Baby auf der Welt hätten, und dann hat er uns doch verlassen, obwohl wir so glücklich waren.«

»Denk nicht mehr darüber nach, Mutter. Es ist doch lange vorbei.« Ich mochte es nicht, wenn man von meinen Vater sprach, an den ich mich kaum erinnern konnte.

»Dann wirst du uns also bald verlassen«, sagte die Mutter, um das Thema zu wechseln. Und genau in diesem Moment kam die Großmutter mit einem großen Paket zur Tür herein.

Sie hatte die letzten Worte noch gehört. Im Gegensatz zu meiner Mutter schien sie nicht überrascht oder betroffen zu sein. Obwohl ich nichts gesagt hatte, war ihr klar gewesen, dass ich gehen würde. Sie zeigte uns das Paket. »Lebensmittel aus amerikanischen Armeebeständen – Care-Pakete heißen sie. Meist landen sie alle im Westen, aber manchmal gehen auch welche in unsere Zone und werden dann von Hilfsorganisationen an besonders bedürftige Familien verteilt. Vor drei Wochen kam jemand vom Rathaus und hat es mir gebracht. Ich habe schon hineingeschaut, ob verderbliche Sachen drin sind. Aber alles ist in Dosen: Fleisch und Wurst, Gemüse und Früchte.« An diesem Tag ließen wir es uns gutgehen.

Kaum war Mutter wieder zu Hause, packte sie ihre Nähmaschine aus. Mit einer Arbeit in der Fabrik als Kontoristin konnte sie zumindest vorerst nicht rechnen, denn nach den Enteignungsmaßnahmen ruhte dort die Arbeit noch. Der Fabrikant Fünfstück hätte den Laden gleich wieder in Schwung gebracht, meinte sie. Zu ihrem Glück kamen gleich nach ihrer Rückkehr die Leute aus dem Dorf angelaufen, denn jeder hatte etwas zu flicken, zu ändern oder aus einem alten Stück ein neues zu nähen. Man musste sich zu helfen wissen in Zeiten des Mangels.

Jetzt, wo die Tage kürzer und kälter wurden, kauerten wir uns, zumal wenn Stromsperre herrschte, im Schein der Kerzen um den Ofen herum, in dem die letzten Briketts verbrannten. Die Großmutter sprach viel über Gott, denn sie wurde mit fortschreitendem Alter zunehmend religiöser.

»Wir dürfen nicht mit dem Herrgott hadern in dieser schweren Zeit«, sagte sie immer wieder, wenn die Mutter einwandte, sie könnte einfach nicht mehr an einen Gott glauben, der so viel Elend in der Welt zulasse.

»Er hat uns das nicht eingebrockt, sondern das waren wir selbst. Wir haben Hitler gewählt und auf ihn und die anderen Verbrecher gehört. Wir waren es, die bedingungslos alles geglaubt haben, nicht der liebe Gott. Aber er wird uns wieder bessere Zeiten schenken, ihr werdet sehen.«

Wir diskutierten viel in diesen entbehrungsreichen Tagen, wenn wir die Küche kaum warm bekamen. Zum Glück war Großmutters Vorrat an Kerzen schier unerschöpflich, denn sonst hätten wir auch noch im Dunkeln gesessen.

Ich erzählte von der Bäuerin vom Walchensee, die mich sehr beeindruckt hatte und die ungefähr so alt war wie meine Großmutter. Ich verglich insgeheim diese beiden Frauen, die sich in ihrem Charakter irgendwie ähnlich waren, obwohl die äußeren Lebensumstände sich unterschieden. Meine Großmutter hatte nie viel besessen und sieben Kindern begraben müssen, war aber trotz aller Rückschläge und Schmerzen eine starke Frau geblieben.

Die Bäuerin vom Walchensee, die niemals Hunger leiden musste auf dem großen, schönen Hof, hatte auch schwere Schicksalsschläge hinnehmen müssen. Nachdem ihr Mann im ersten großen Krieg gefallen war, verlor sie im zweiten auch noch alle drei Söhne, wenngleich sie die Hoffnung nie aufgab, dass wenigstens der eine, der als vermisst galt, überlebt hatte – so wie die Großmutter sehnsüchtig auf ihren Kurt wartete. Zwei Frauen, zwei deutsche Schicksale.

Wegen des Mangels an Brennmaterial tat man sich, seit es draußen ungemütlich kalt geworden war, zusammen und setzte sich gemeinsam in eine Stube, einmal bei dem einen, einmal bei dem anderen.

Zu uns kamen meistens die unverheirateten Schwestern der Großmutter, die Martha und die Elsa, nach der meine Mutter benannt war. Um sich zu revanchieren, brachten die Tanten stets etwas zum Essen mit, meistens Käse, den sie bei den Bauern der Umgebung gehamstert hatten. Sie tauschten vor allem gehäkelte Spitzendecken oder gestrickte Wollstrümpfe ein.

Für mich waren diese Abende ziemlich trostlos, vor allem, wenn ich sie mit den lustigen Treffen im Schleißheimer Freundeskreis verglich. Jetzt bestand meine Gesellschaft aus lauter alten Leuten!

Ein Abend ist mir in besonders schlimmer Erinnerung. Wir saßen um den Tisch herum, und jeder ging einer Beschäftigung nach, solange es Strom gab. Die Mutter nähte, die Tanten und die Großmutter strickten, und ich schrieb einen Brief an den Ernst. Wie lange wir Strom hatten, wussten wir nie – manchmal ging es bis zum späten Abend, dann wieder war gleich nach Anbruch der Dämmerung Schluss. An jenem Abend hatten wir nicht einmal gegessen, als das Licht erlosch.

Die Elsa erzählte gerade zum hundertsten Mal von einer verpassten Heiratschance. Eigentlich war es eine traurige Geschichte, denn die Tante war eine herzensgute Frau und wegen ihres einsamen Lebens zu bedauern, aber inzwischen hörte niemand mehr zu, wenn sie wieder davon anfing. Je älter sie wurde, desto mehr trauerte sie dieser vertanen Gelegenheit nach.

»Ach, jammere doch nicht«, meinte die Großmutter. »Die Ehe ist auch nicht die reinste Glückseligkeit. Mein Heinrich war sicher kein schlechter Mann, aber ich habe doch allerhand mitgemacht.«

»Dann lasst uns mal was essen«, schlug Tante Elsa schnell besänftigt vor. Sie hatte immer Hunger. »Essen können wir schließlich auch bei Kerzenschein. Das ist sogar romantisch.«

»Ich habe nur noch eine Kerze«, bemerkte meine Großmutter. »Wir müssen morgen unbedingt neue besorgen. Aber in den Geschäften gibt es ja rein gar nichts mehr.«

»Na, eine reicht für heute. Wenn sie niedergebrannt ist, gehen wir nach Hause«, erwiderte die Martha und kramte in ihrer Tasche nach dem Käse, den sie mitgebracht hatte.

Die Großmutter tastete sich inzwischen durch die Küche zum Schrank hin, um die Kerze zu suchen.

»Die solltest du immer gleich parat haben«, schimpfte die Martha.

»Ja, ja«, murrte die Großmutter und arbeitete sich mit der Kerze in der Hand zur Speisekammer vor, um das Brot zu holen. Während der Tee schon aufgebrüht auf dem Herd stand, suchte Tante Elsa im Dunkeln nach den Tassen und ich nach dem Zuckerersatz, der aus Zuckerrübenstängeln gemischt mit Früchten bestand.

Schließlich hatten wir alles beisammen, und die Großmutter stellte die Kerze auf den Tisch, doch weil es nur eine war, blieben große Teile des Tischs im Dunkeln, auch das Päckchen mit dem Käse.

»Hast du an deinen Freund geschrieben?«, fragte die Mutter, die sich für den Ernst plötzlich sehr interessierte und auch für seine Eltern, von denen ich jedoch nicht viel zu berichten wusste.

Ich nickte. »Ja, ich muss ihm antworten. In seinem letzten Brief hat er mir geschrieben, dass er fünf Kilometer geschwommen ist. Kannst du dir das vorstellen?«

»Du scheinst sehr stolz auf deinen bayerischen Freund zu sein, weil er so ein schneidiger Schwimmer ist«, kicherte Tante Elsa. »Was ist es denn für einer?«

Ich lachte. »Er ist sehr sportlich, sieht recht gut aus, ist aber eher zurückhaltend. Natürlich bin ich sehr stolz auf ihn«, erwiderte ich und tastete dabei gedankenverloren mit meinem Messer nach dem Käse. Als ich ihn auf dem halbdunklen Tisch fand, schnitt ich mir ein großes Stück ab. »Der Käse schmeckt gut«, bemerkte ich kauend. »Wo hast du ihn denn her, Tante Martha?«

»Von Knippels. Zu denen gehe ich am liebsten. Sie sind am freundlichsten und geben immer was her, auch wenn ich nicht viel zum Tauschen bieten kann.«

Meine Mutter fing wieder mit dem Ernst an: »Und du hast seine Eltern noch gar nicht kennengelernt?«

»Werde ich schon noch – so lange sind wir ja noch nicht zusammen«, wich ich aus, denn mir war das Thema selbst nach wie vor unangenehm.

»Dann wirst du ja in einen großen Gasthof einheiraten«, meinte die Mutter nachdenklich und lutschte dabei an ihrem blutenden Finger, in den sie sich beim Nähen gestochen hatte.

»Nein«, ich schüttelte den Kopf. »Der Ernst will den Gasthof nicht. Er ist doch bei der Polizei.«

»Das verstehe ich nicht.« Der Mutter schien das gar nicht zu passen. Sie rechnete sich für mich wohl eine gute Partie aus, und nun wollte der junge Mann sein Erbe nicht antreten.

So wäre das ewig weitergegangen, wenn die Tante Martha nicht plötzlich den Käse gesucht hätte. »Wo ist denn der Käse? Ist er schon alle?«

»Das große Stück? Ich habe nur einen kleinen Bissen abgekriegt«, beschwerte sich ihre Schwester sofort, die Unmengen essen konnte und dabei spindeldürr blieb.

»Das kann doch wirklich nicht sein, dass der Käse alle ist«, meinte die Großmutter. »Der lag doch gerade noch neben dem Brot, und das Papier ist auch nicht mehr da.«

In diesem Moment fiel ihr ein, was geschehen war, denn sie hatte es vor ein paar Monaten schon einmal erlebt. Auch damals hatte es Käse vom Knippelbauern gegeben. Sie fuhr jetzt mit der Hand tastend über den Tisch und sagte: »Da ist er. Er ist nur ein Stück weitergewandert.«

»Gewandert?«, rief ich entsetzt.

»Da waren Maden drin«, erklärte sie ganz ruhig.

Ich wurde von einem unaussprechlichen Ekel überfallen. Gerade hatte ich mir den Käse noch schmecken lassen! Überdies erinnerte mich die Geschichte natürlich an das widerliche Dörrgemüse aus dem Gefängnis. Mir wurde übel. Ich sprang von meinem Stuhl auf, der umfiel, und rannte zur Tür hinaus. Tastend und stolpernd erreichte ich gerade noch den Abort.

Meine Mutter, die Tanten und vor allem die Großmutter nahmen es gelassener, obwohl natürlich auch sie sich geekelt hatten und den Käse sofort in den Abfalleimer warfen.

Man muss sich zu helfen wissen

Mitte Dezember kam dann die wirklich große Kälte. Wir hörten, dass in den zerbombten Städten viele Menschen erfroren, weil sie noch in Ruinen hausen mussten. Da hatten wir es auf dem Land etwas besser, obwohl auch bei uns Holz und Kohle immer knapper wurden. Unsere abendlichen Gänge zur Holzbeschaffung waren nur ein Tropfen auf den heißen Stein.

Mit Äxten und Sägen ausgestattet, stapften die Männer in den Wald, um Bäume zu fällen und zu zersägen. Wir Frauen und Mädchen transportierten das Holz dann auf unseren Schlitten ins Dorf. Da es im Arbeiter- und Bauernparadies streng verboten war, unerlaubt Holz zu schlagen – damit vergriff man sich schließlich am Volkseigentum –, konnten wir nur spät in der Nacht auf unsere Raubzüge gehen, wenn wir keine Kontrollen mehr zu fürchten hatten. Völlig übermüdet kam ich dann am nächsten Morgen ins Friseurgeschäft, wo es ebenfalls eisig kalt war. Wen wunderte es, dass die Kunden ausblieben?

»Wenn das so weitergeht mit der schlechten Versorgungslage, können wir bald schließen. Es ist ja wirklich unzumutbar, wenn wir die Trockenhauben nicht mehr anstellen können, weil der Strom ausfällt. Dann sitzen die armen Frauen in dieser Kälte mit nassen Haaren da«, wetterte Herr Elsner.

»Sind denn gar keine Kohlen mehr zu bekommen?«, fragte ich ihn.

»Nein. Diese Kältewelle hat uns gerade noch gefehlt. Als ob es uns nicht schon schlecht genug ginge! Manchmal ist es wirklich zum Verzweifeln.«

»Unter uns gesagt«, warf eine Kundin, der ich gerade das nasse Haar mit dem Handtuch so trocken wie möglich frottierte, mit leiser Stimme ein. »Heute Abend fährt ein Güterzug durch Neugersdorf, voll beladen mit Kohle. Der Zug muss beim Signal für ein paar Minuten anhalten.« Sie dämpfte ihre Stimme noch mehr, obwohl außer uns niemand im Laden war. »Seien Sie doch nicht so dumm, Herr Elsner, und machen Sie mit. Das tun doch alle. Was haben Sie denn davon, wenn Ihnen die ganze Kundschaft wegbleibt wegen der Kälte?«

»Aber ich als Geschäftsmann kann doch nicht ...«, stotterte der überaus korrekte Herr Elsner und fuhr sich mit der Hand durchs Haar.

»Sind andere etwa keine Geschäftsleute?«, fragte ihn die Kundin mit herausforderndem Blick. »Wissen Sie, dass ich neulich sogar den Fabrikanten Fünfstück am Bahndamm getroffen habe – mit einem großen Leiterwagen. Sogar der macht mit.«

»Mein Gott, der Herr Fünfstück. Meine Oma hat es mir schon erzählt, dass sie ihm seine Fabrik weggenommen haben«, mischte ich mich in das Gespräch, während ich der Kundin das Haar frisierte.

»Eine Schande ist das, so einen Mann, der so viel Gutes für die Gegend getan hat, einfach zu enteignen.« Die Kundin ereiferte sich richtiggehend, denn ihre Tochter hatte bis Kriegsende in der Fabrik als

Buchhalterin gearbeitet. »Vor drei Jahren hat meine Tochter anlässlich ihrer zehnjährigen Betriebszugehörigkeit noch ein wunderschönes, echtes Meißener Kaffeeservice bekommen. Ich möchte nicht wissen, was das wert ist! Herr Fünfstück war wirklich ein feiner Mann. Und jetzt hat man ihn enteignet und deklariert das noch als Volksentscheid. Wollen die Kommunisten uns für dumm verkaufen? Mir kann das zumindest keiner erzählen, dass das Volkes Wille war.«

Die Sache mit dem Kohlenklau wurde nicht mehr angesprochen, doch als die Kundin draußen war, sagte Herr Elsner zu mir: »Würdest du mir helfen, Ursel? Meine Frau schafft das gesundheitlich nicht mehr.«

»Geht es ihr so schlecht?«, fragte ich besorgt. Ich hatte sie nur selten im Laden gesehen, seit ich wieder hier war.

»Es steht nun fest, dass sie Krebs hat. Wir können keine Nacht mehr schlafen – meine Frau nicht vor Schmerzen und ich nicht vor lauter Angst um sie. Und dann noch die Sorge um das Geschäft.«

Er zündete sich eine Zigarette an und ging zur Kasse, neben der das Kundenbuch lag. Er blätterte darin und meinte dann: »Heute sind nur drei Vorbestellungen eingetragen, Ursel. Das schaffe ich alleine. Du könntest jetzt heimfahren und dafür heute Abend wieder kommen. Du weißt schon, wegen dem Güterzug.«

Ich nickte und versprach, rechtzeitig zurück zu sein, damit wir auf jeden Fall den Kohlenzug nicht verpassten.

Vielleicht fiel ja auch für uns zu Hause etwas ab. Ich beschloss, vorsichtshalber einen Sack mitzunehmen.

Kurz nach acht ging ich im Schutz der Dunkelheit mit Herrn Elsner zum Bahnhof, doch der Zug verspätete sich um eine gute halbe Stunde. Wir sahen schon viele Leute mit Schaufeln, alten Kohlesäcken, Rucksäcken und sogar Leiterwagen an den Gleisen stehen. Sobald der Zug seine Fahrt verlangsamte, kletterte ich mit den anderen jungen Leuten auf die Waggons. Für uns war die ganze Sache fast ein Abenteuer. Wir warfen in aller Eile so viele Briketts wie möglich auf den Bahndamm, und die anderen sammelten sie schnell auf. Unter den vielen Menschen entdeckte ich den Fabrikanten Fünfstück, der – wie die Kundin gesagt hatte – sich auch nicht anders zu helfen wusste, um wenigstens ein Zimmer seines Hauses ein wenig warm zu bekommen. Der einst so stattliche und selbstsichere Mann wirkte gebrochen – er tat mir schrecklich leid.

»Schlaf dich morgen nur richtig aus«, sagte Herr Elsner zu mir, als wir den voll beladenen Leiterwagen zu seinem Haus zogen. »Du brauchst erst gegen zehn Uhr zur Arbeit zu kommen.«

Als ich zurück zum Bahnhof ging, begann es zu schneien. Der Wind fegte den Schnee durch die nachtschwarzen Straßen und raubte mir beinahe den Atem. Mühsam schleppte ich den Rucksack mit meiner Kohle, die uns jetzt für einige Stunden eine warme Stube bescheren würde. Als ich spätabends mit dem letzten Zug in mein Dorf zurückfuhr, nahm ich mir fest vor, beim nächsten Kohlenklau wieder dabei zu sein.

Ein paar Tage vor Weihnachten – ich kam gerade von der Arbeit heim – saß Anne, die Frau von Onkel Kurt, mit dem kleinen Heiner auf dem Küchensofa, daneben die Großmutter, die Tränen in den Augen hatte, doch es waren Freudentränen.

»Der Kurt ist zurück, nicht wahr?«, rief ich aufgeregt.

Anne sprang auf und umarmte mich. »Ja, er hat fliehen können. Er ist ihnen entwischt«, stammelte sie und war vor Freude und Aufregung noch völlig durcheinander.

»Wirklich? Mein Gott, wo ist er denn? Warum ist er denn nicht hier?« Weil sie nun alle weinten, die Mutter, die Großmutter, Tante Anne und sogar der kleine Heiner, der das alles noch gar nicht richtig verstand, ließ auch ich den Tränen freien Lauf.

»Er schläft. Er ist völlig fertig«, erzählte Anne lachend und weinend zugleich. »Aber er ist gesund, wenn auch ganz mager geworden. Seine Hose schlottert nur so an ihm herum. Doch sonst ist er der alte Kurt. Ich habe es ja immer gewusst, dass er sich zu helfen weiß.«

»Dass er nicht einfach auf seine Entlassung gewartet hat, ist typisch für Onkel Kurt«, entfuhr es mir.

»Gegen zwei Uhr nachts klopfte jemand ans Schlafzimmerfenster«, begann Tante Anne zu berichten. »Ich erschrak zuerst fürchterlich, bis ich ihn im Schneetreiben draußen in seinem alten, zerrissenen Wehrmachtsmantel erkannte. Ich konnte es nicht glauben, denn nie ist ein Brief von ihm gekommen.« Sie war so überwältigt von ihren Gefühlen, dass sie kaum weitersprechen konnte und sich erst einmal die Nase putzen musste.

»Ich habe doch überhaupt nicht damit gerechnet«, wiederholte sie. »Und dann steht er plötzlich da. Als Erstes ging er zu Heiner.« Sie blickte liebevoll auf ihren vierjährigen Sohn. »Das hast du gar nicht gemerkt, dass der Papa heute Nacht an deinem Bettchen stand?«

Der Kleine schüttelte heftig den Kopf. Er hatte seinen Vater zwei Jahre nicht mehr gesehen und konnte sich bestimmt nicht mehr an ihn erinnern.

»Wann kann ich denn zu meinem Jungen?«, fragte die Großmutter.

»Lasst ihn erst einmal schlafen. Er ist völlig erschöpft.«

»Hat er erzählt, wie es ihm in der Gefangenschaft ergangen ist, wie man ihn behandelt hat?«, fragte meine Mutter mit banger Stimme. Sie hatte für ein paar Minuten aufgehört zu nähen und sich an den Küchentisch gesetzt.

Tante Anne senkte den Kopf. »Er hat nichts Näheres gesagt, aber er hat bestimmt einiges mitgemacht. Irgendwann wird er alles erzählen. Sicher hat er auch auf der Flucht Todesängste ausgestanden.«

»Wie ist es ihm überhaupt gelungen zu fliehen?«, fragte ich sie.

»Ich glaube, er hat einen Aufseher bestochen«, erwiderte sie leise. »Aber wie es genau zugegangen ist, weiß ich nicht. Hauptsache, er ist wieder daheim.«

In diesem Moment hörten wir, wie draußen die Haustür geöffnet wurde, schnell und ruckartig, wie es nur Helis Art war. Sie klopfte den Schnee von den Stiefeln und kam zu unserer Tür. Ohne anzuklopfen, platzte sie in die Küche: »Stellt euch vor, der Fünfstück hat sich erhängt!«

Wir starrten sie ungläubig an – heute schienen sich die Ereignisse zu überstürzen.

Die Heli ließ sich auf einen Stuhl sinken. »Ich habe es gerade beim Fleischer erfahren.«

»Der Kurt ist aus der Gefangenschaft zurück«, sagte die Mutter, die dieses Ereignis für wichtiger erachtete.

»Nein, so eine Freude«, rief die Heli aus und umarmte Tante Anne und dann die Großmutter.

»Jetzt bin ich mir ganz sicher, dass auch mein Junge bald heimkehren wird. Er hat mir geschrieben, dass die Engländer erst Kranke und Verwundete freilassen, dass er aber recht gut behandelt wird. Er muss in einer Fabrik arbeiten und bekommt sogar ein bisschen Geld. Und zu essen hat er vielleicht sogar mehr als wir.«

»Ja, das glaube ich gerne«, bemerkte die Mutter seufzend, die wieder an ihre Nähmaschine zurückgekehrt war und auf die Spule blickte, die sich in rasendem Tempo vor ihr drehte. »Das ist der letzte Rest schwarzer Nähseide«, bemerkte sie. »Langsam weiß ich nicht, wie ich weiterhin nähen soll. Alles geht zu Ende, und man bekommt nichts Neues.«

»Das sähe alles anders aus, wenn sie dem Fünfstück nicht die Fabrik weggenommen hätten«, kam die Heli wieder auf den Fabrikanten zurück. »Ich frag mich schon, was aus unserem Dorf werden soll! So vielen Menschen hat er Arbeit gegeben. Er war ein guter Mann, der immer etwas übrig hatte für die Armen. Nein, er war kein Ausbeuter, so wie die Kommunisten behaupten. Es ist wirklich eine Schande, dass es in unserem Dorf so viele gibt, die jetzt mit denen und den Russen gemeinsame Sache machen. Und ich sage euch, da sind auch einige dabei, die es früher mit den Nazis hielten. Ausspucken könnte man vor denen! Ich könnte euch Namen nennen, aber ich will lieber still sein, sonst gerate ich noch in Teufels Küche.«

»Dann werden wir mal wieder aufbrechen.« Anne schien das Schicksal des Fabrikanten nicht sonderlich zu berühren. Für sie zählte nur die glückliche Heimkehr ihres Mannes, den sie nach Krieg und Gefangenschaft endlich wieder in die Arme schließen konnte. Sie erhob sich. »Nicht dass der Kurt wach wird, und wir sind nicht zu Hause.« Sie zog dem kleinen Heiner seine dicke Wolljacke an und setzte ihm seine Pudelmütze auf. Mit den Wollfäustlingen kam er alleine klar.

Der Junge gab seiner Großmutter, seiner Tante und auch mir ein Küsschen und sagte dann: »Ich will jetzt zum Papa.«

»Morgen kommen wir zu euch rüber, da kannst du sagen, was du willst«, rief die Großmutter ein wenig beleidigt, weil sie heute nicht mitgehen durfte.

»Ja, dann bis morgen. Ich backe einen Kuchen. Vielleicht ergattere ich ein paar Eier.« Die Anne seufzte ein wenig, doch dies geschah mehr aus Gewohnheit, weil alle ständig jammerten – sie jedenfalls hatte an diesem Tag eigentlich keinen Grund zur Klage und sollte auch in Zukunft keinen haben, denn Onkel Kurt, der in seiner Jugend zum Entsetzen und Leidwesen seines Vaters den Nazis zugejubelt hatte, erwies sich auch nach seiner glücklichen Heimkehr als äußerst anpassungsfähig.

Er nahm die Situation einfach so, wie sie jetzt war, und jammerte nicht Vergangenem nach. Er war ganz einfach ein Lebenskünstler und ein klein wenig vielleicht ein Opportunist.

Er sprach nicht viel von seiner zweijährigen russischen Gefangenschaft, in der es ihm bestimmt sehr schlecht ergangen war, denn die Zustände in den sibirischen Lagern waren schrecklich. Aber er besaß die beneidenswerte Eigenschaft, sich nur an die guten Dinge zu erinnern und die schlechten zu vergessen. Dass die blutunterlaufenen Stellen an seinem Rücken von Schlägen mit einem Schaufelstiel herrührten, die ihm ein russischer Wärter verpasst hatte, weil er nicht schnell genug schaufelte, erzählte er nur ganz nebenbei, als wäre es unwichtig. Stattdessen berichtete er ausführlich von der zierlichen, weißgoldenen Damenarmbanduhr, die er erfolgreich in seiner Unterhose versteckt hatte und die weder bei seiner Gefangennahme noch bei der Einlieferung ins Lager entdeckt wurde. Woher er sie überhaupt hatte, erwähnte er vorsichtshalber mit keinem Wort. Mit dieser Uhr jedenfalls hatte er einen Aufseher bestochen, der im half, in einer Nacht-und-Nebel-Aktion aus dem Lager zu entfliehen. In einem Güterwaggon, hinter Kisten und Brettern versteckt, gelangte er zunächst nach Prag und von dort, wieder in einem Zug versteckt, in die Lausitz.

»Dawei, Dawei«, sagte er oft lachend zu seiner Frau oder seinem kleinen Sohn, wenn ihm etwas nicht schnell genug ging. Wir waren sonntags oft bei ihnen zu Besuch, denn dort gab es immer Kuchen. Onkel Kurt verfügte nämlich auch über eine gehörige Portion Organisationstalent, und seit er wieder im Land war, litt seine Familie trotz der katastrophalen Versorgungslage kaum unter Engpässen, was die Lebensmittelbeschaffung betraf. Wie er das bewerkstelligte, blieb allerdings sein Geheimnis.

Eines Tages konnte die Großmutter nicht mehr an sich halten und fragte ihn danach. »Die Elsa näht Tag und Nacht für die Bauern, und trotzdem geben sie uns nicht genug zum Essen. Ihr dagegen habt alles.«

»Nicht alles«, wandte Anne lächelnd ein, die sich neuerdings ein wenig großspurig gab.

»Na, euch geht es doch schon fast so gut wie den Bauern«, meinte die Mutter mit einem neidischen Blick auf den gedeckten Tisch.

An diesem Sonntagnachmittag erfuhren wir schließlich, wie Onkel Kurt dieses kleine Wirtschaftswunder im Sozialismus zustande brachte. Er war mit ein paar anderen jungen Männern in die stillgelegte Textilfabrik eingedrungen und hatte sich dort bedient.

»Jeder ist sich selbst der Nächste«, rechtfertigte sich Onkel Kurt, nachdem ihm die Großmutter einen entsetzten Blick zugeworfen hatte. »Aber das könnt ihr doch nicht tun!«, rief sie aus. »Das ist doch Diebstahl!«

»Könntest du mir bei dieser Gelegenheit nicht auch etwas Nähseide besorgen, Kurt?«, fragte dagegen meine praktisch denkende Mutter, die offenbar nicht von Skrupeln gequält wurde. »Ich brauche vor allem schwarze und weiße.«

»Kann ich«, erwiderte Onkel Kurt und wandte sich dann wieder an die Großmutter. »Wem stehlen wir denn etwas?«, rief er aufgebracht. »Etwa dem armen Herrn Fünfstück! Der liegt unter der Erde, und keiner kümmert sich um die Fabrik. Wenn die Stoffe nicht bald verarbeitet werden, dann sind sie nicht mehr brauchbar. Außerdem mussten wir nicht einmal eine Tür einschlagen. Die Fensterscheiben im Lagerraum sind alle zerbrochen. Keiner denkt daran, sie zu erneuern, am allerwenigsten das Kommunistenpack. Die Fabrik ist doch der reinste Selbstbedienungsladen.« Mein Onkel kam ganz schön in Fahrt. »Ihr profitiert schließlich auch davon. Ihr kommt doch gerne Sonntag für Sonntag, um Kuchen zu essen!«

»Jetzt lasst uns nicht streiten«, versuchte ich zu schlichten. »Freilich essen wir gerne deinen Kuchen, und du hast ja Recht: Bevor die Stoffe in der Fabrik verrotten, ist es besser, sie zu verwenden. Also, ich verstehe das voll und ganz.«

Die Großmutter seufzte tief: »Ach, was sind das nur für Zeiten, in denen man Kohlen klaut, heimlich Holz schlägt und Stoffe stiehlt.«

»An wen verkaufst du denn die Stoffe?«, fragte die Mutter vorsichtig.

»An die Bauern?«

»Nicht nur«, lachte Onkel Kurt. »Auch an unsere neuen Machthaber. Da staunt ihr, was?«

»Aber du magst doch die Kommunisten nicht«, wandte meine Mutter ein.

»Deshalb kann ich doch mit ihnen Geschäfte machen! Jeder muss schließlich sehen, wo er bleibt.«

»Und sie fragen nicht, woher die Stoffe kommen?«, fragte die Großmutter.

»Nein, Hauptsache, sie können ihren Frauen etwas Gutes tun, dann spielt alles andere keine Rolle.« Er machte eine wegwerfende Handbewegung. »Ach, es ist doch immer das Gleiche, egal, wer an der Macht ist. Jeder ist nur auf seinen Vorteil aus.« Onkel Kurt schien nur noch an Geschäfte zu denken und sich für Politik nicht mehr begeistern zu können.

»Na, wenn das mal gutgeht.« Die Großmutter konnte sich noch nicht so recht mit dem eben Gehörten abfinden, aber das Stück Eierschecke auf ihrem Teller hatte eine ganz eigene Überzeugungskraft, und sie biss herzhaft hinein.

»Was ist nur, wenn plötzlich auffällt, dass der ganze Stoff weg ist?«, gab die Mutter zu bedenken und sah ihren Bruder mit ihren großen, dunklen Augen ein wenig ängstlich an. »Irgendwann kommt es heraus.«

»Dann müssen sie das halbe Dorf verhaften, wovor sich die Brüder hüten werden, denn es gibt in ihren Reihen genug, die davon wissen. Die werden nicht wagen, die Sache auffliegen zu lassen.«

»Im Geschäft erzählte ein Kunde, dass sie seinen Nachbarn nach Russland verschleppt hätten. Er ist Ingenieur«, erzählte ich, nachdem wir ohnehin bei einem unerfreulichen Thema gelandet waren. In Anbetracht all dieser schrecklichen Dinge, die hier passierten, überkam mich wieder einmal die Sehnsucht nach dem Westen.

»Ach, die haben nicht nur einen, sondern Tausende deportiert. Die Russen brauchen Fachkräfte, damit die Maschinen und das Material, das sie bei uns demontiert haben, drüben aufgebaut und betrieben werden können«, sagte Onkel Kurt, für den das nichts Neues zu sein schien.

Dann fügte er hinzu: »Wenn ich es hier nicht mehr aushalte, dann melde ich mich zur Fremdenlegion«, scherzte er, worauf ihm seine Frau einen entsetzten Blick zuwarf.

»War nur ein Spaß«, sagte er schnell. »Ich lass dich und den Jungen doch nie wieder allein.«

Ich wusste damals so gut wie nichts von der Fremdenlegion, aber meinem Onkel traute ich alles zu.

Dank seiner guten Beziehungen und seines Organisationstalents stand am Heiligen Abend 1946 in seinem Wohnzimmer sogar ein Christbaum, obwohl dieses weihnachtliche Symbol vom Gemeindeamt nur kinderreichen Familien sowie Opfern des Faschismus zugeteilt wurde. Die anderen gingen leer aus – mit Ausnahme natürlich der eigenen Leute und Menschen wie Onkel Kurt. Im Übrigen hatte der neue Bürgermeister Weihnachtsbäume als überflüssiges Relikt aus bürgerlichen Zeiten bezeichnet.

Trotzdem war die ganze Familie glücklich, um einen Baum sitzen zu können. Es war fast wie früher: Wir gingen gemeinsam zur Kirche, die so voll war wie sonst kaum; wir hatten – Onkel Kurt sei Dank – genug zu essen und saßen in einer warmen Stube. Es war ein schönes und denkwürdiges Weihnachtsfest zugleich. Wir waren froh, dass bis auf Tante Ellis Mann alle aus der Familie den Krieg überlebt hatten. Wir waren dankbar, dass wir an diesem Abend zusammen feiern konnten. Und doch wussten wir alle, dass im nächsten Jahr eine aus diesem Kreis fehlen würde, nämlich ich. Es war das letzte Weihnachtsfest im Kreis meiner Familie und in meiner alten Heimat – das spürte ich deutlich, und eine tiefe Wehmut schlich sich in mein Herz. Im nächsten Jahr würde ich in Bayern sein, in meiner neuen Heimat und beim Ernst.

Zwischen zwei Welten

Im März brach ich zu meiner zweiten Reise über die Zonengrenze auf. Schon vor einigen Monaten hatte der Ernst mich in einem Brief gebeten, doch wieder mit ihm und den Freunden ein paar Tage auf der Alm bei Oberammergau zu verbringen. Ich sagte auf der Stelle zu, denn zum einen wollte ich nur zu gerne wieder einmal etwas anderes sehen als den trostlosen sozialistischen Alltag, und zum anderen war es wichtig für unsere Beziehung.

Wir waren jetzt schon so lange getrennt, und ich wusste, dass wir uns dringend wiedersehen mussten, um unsere Pläne für eine gemeinsame Zukunft nicht zu gefährden.

Das Eisenbahnnetz befand sich nach wie vor in einem völlig desolaten Zustand, und das unerträgliche Gedränge in den Interzonenzügen hatte sich ebenfalls nicht gebessert. Als ich aus der sowjetischen Zone in die amerikanische fuhr, sprang mir der Unterschied auf der Stelle ins Auge. Natürlich waren auch hier die Spuren des Krieges noch nicht beseitigt, aber man sah immerhin, dass die Leute die Ärmel aufkrempelten und anpackten, während im Osten Stillstand herrschte, denn das neue System blockierte alle Eigeninitiativen, ohne die ein rascher Wiederaufbau jedoch nicht möglich war.

Als der Zug plötzlich in einer Kleinstadt hielt und die Durchsage kam, es würden bis zur Weiterfahrt einige Stunden vergehen, beschloss ich, mir in der Zwischenzeit diesen Ort, dessen Namen ich vergessen habe, anzuschauen. Ich streifte durch die belebten Straßen und kaufte einem Zeitungsjungen eine Illustrierte ab. Auf dem Titelblatt war das im Lichterglanz erstrahlende New York abgebildet. Ich betrachtete lange das Bild, und es wollte einfach nicht in meinen Kopf, dass es Städte gab, die unzerstört waren, die von diesem verheerenden Krieg überhaupt nichts gespürt hatten. Zwischen dieser glitzernden Metropole und den deutschen Trümmerlandschaften lagen Welten! Nachdenklich kehrte ich nach einer Weile zum Bahnhof zurück und fragte mich, ob wir jemals wieder so etwas erleben würden – solchen Glanz und solchen Luxus.

Gott sei Dank ging es nach diesem Zwischenstopp recht problemlos weiter nach München, wo ich in einen Regionalzug umsteigen musste. Ich war froh, mich wieder auf vertrautem Terrain zu befinden.

Die Tage auf der Alm in Oberammergau wurden für mich erneut zum unvergesslichen Erlebnis. Obwohl man sich auch im Westen noch nichts leisten konnte, genossen wir einfach das Leben, die Sonne, das frühlingshafte Wetter und den Frieden ringsumher – was wollten wir mehr. Für den Ernst und mich stand überdies schnell fest, dass wir zusammengehörten und heiraten wollten.

Viel zu schnell verging die Zeit, und der Abschied fiel mir unendlich schwer. Gerne wäre ich noch geblieben in dieser herrlichen Bergwelt, bei den Freunden und natürlich beim Ernst. Aber einmal musste ich noch zurück, um meine Ausbildung zu beenden und alle meine Angelegenheiten zu regeln.

Als ich braun gebrannt zu Hause ankam, wartete eine Neuigkeit auf mich. Gerda, eine Verwandte aus Dresden, die etwa in meinem Alter war, wohnte bei uns.

Es war schon vor einigen Wochen darüber gesprochen worden, denn Gerda litt unter Tuberkulose. Ihre Mutter, eine Nichte meiner Großmutter, hatte die Oma gebeten, ob ihre Tochter nicht einige Wochen bei uns auf dem Land verbringen könnte. Sie hoffte, dass die bessere Luft der Kranken guttun und die Heilung beschleunigen würde.

Vor ein paar Jahren war bereits die ältere Schwester an dieser Krankheit gestorben.

Ich hatte Gerda seit drei Jahren nicht mehr gesehen und erschrak bei ihrem Anblick, obwohl meine Mutter mich vorgewarnt hatte. Gerda saß am Herd und griff gerade müde und kraftlos nach einem Scheit, das sie aus dem neben ihr stehenden Weidenkorb nahm. Es schien mir, als ob es ihr große Mühe bereitete, das Holz in den Ofen zu werfen.

Ich hatte sie als hübsches Mädchen in Erinnerung, sie um ihr leuchtend blondes Haar und die strahlend blauen Augen beneidet. Jetzt sah ihr Haar stumpf aus, und die Augen hatten jeden Glanz verloren. Sie reichte mir mit einem traurigen Lächeln die Hand. »Meine Mutter meint, dass ich bei euch eher gesund werde als in Dresden«, sagte sie mit matter Stimme. Vermutlich hatten die dunklen, feuchten Räume, in denen die Familie nach dem Tod des Vaters leben musste, zum Ausbruch der Krankheit beigetragen.

Mir fiel ein, dass ich sie früher als gewandtes Stadtkind betrachtet hatte, neben dem ich mir wie eine richtige Landpomeranze vorkam. Liebend gerne hätte ich ebenfalls Dresden anstatt Leutersdorf als Adresse angegeben. Das änderte sich jedoch, als ich mit meiner Großmutter Tante Gertrud und ihre Töchter besuchte. Sie wohnten nämlich nicht in der wunderschönen Altstadt, sondern in einer tristen Mietskaserne in der unattraktiven Neustadt, die den Krieg ohne große Schäden überstand.

»Glaubst du, dass es einen lieben Gott gibt?«, fragte mich Gerda eines Abends völlig unvermittelt, als wir nebeneinander am Ofen saßen, und starrte dabei mit einem seltsam leeren Blick ins Dunkle.

»Freilich gibt es den«, antwortete ich voller Überzeugung, denn daran hatte ich nie gezweifelt. »Ich weiß nicht«, sprach sie weiter, während ihr magerer Körper von einem heftigen Hustenanfall geschüttelt wurde. Sie hielt das Taschentuch vor den Mund, und ich sah, dass sie Blut spuckte. »Ich weiß nicht«, wiederholte sie mühsam atmend. »Ich kann nicht mehr recht daran glauben. Wenn es diesen Gott wirklich gibt, dann kann er doch nicht so viel Leid zulassen. Denk doch nur an diesen schrecklichen Bombenangriff vor zwei Jahren, bei dem so viele unschuldige Menschen starben.«

»Aber ihr wurdet verschont«, wandte ich ein. »Du hättest auch unter den Toten sein können. Müsstest du da nicht erst recht an den lieben Gott glauben?«

»Ach, hätte es mich doch damals erwischt«, antwortete sie mit trotziger Stimme. »Dann wäre mir wenigstens diese schlimme Krankheit erspart geblieben. Ich muss ja ohnehin sterben.«

Ich legte die Hand auf ihre magere Schulter. »Du wirst wieder gesund, Gerda! Was redest du vom Sterben? Du bist noch so jung.«

»Na, und?«, gab sie verbittert zurück. »Glaubst du, junge Menschen sterben nicht? Was war denn mit meiner Schwester?« Sie warf mir einen herausfordernden Blick zu.

Sie fand es ganz offensichtlich ungerecht, dass sie so krank und blass war, während ich mit meiner Sonnenbräune provozierend gesund aussah.

Traurig wandte ich mich ab und starrte in das prasselnde, rot glühende Herdfeuer. Doch es war wohl nur ein kurzer Moment der Auflehnung und der Wut gewesen, denn Gerda wurde wieder ganz sanft.

»Wo bist du nur so braun geworden?«, fragte sie mich nach einer Weile des Schweigens versöhnlich.

»Ich war auf einer Hütte bei Oberammergau. Sie liegt vierzehnhundert Meter hoch. Wir waren da eine ganze Schar junger Leute«, erwiderte ich.

Sie wollte mehr darüber wissen, und als ich ihr von den hohen Bergen, dem strahlend blauen Himmel und der kleinen Hütte im tiefen Schnee erzählte, trat in ihre blauen Augen ein wenig Glanz.

»Da möchte ich auch einmal hin. Wirst du mich mitnehmen, wenn du wieder mit deinem Freund dort hinaufwanderst?«

Auch wenn ich mir nicht vorstellen konnte, wie Gerda jemals den Aufstieg zur Hütte schaffen würde, war ich froh, dass sie nicht mehr vom Sterben sprach, und so versprach ich ihr, sie mitzunehmen.

»Natürlich, Gerda. Das machen wir. Du musst nur rasch gesund werden. Wenn du im Sommer wieder auf dem Damm bist, dann zeig ich dir die Hütte. Ein paar junge Leute aus Schleißheim haben sie gepachtet. Sie sind sehr nett, und du wirst mit ihnen bestimmt viel Spaß haben.«

Gerda war Feuer und Flamme. »Weißt du, der Doktor hat gesagt, ich bräuchte nur frische, reine Luft hoch in den Bergen. Er meinte, die Schweiz wäre gut für mich, aber es muss ja nicht unbedingt die Schweiz sein. Wichtig ist nur die Höhenluft. Wie hoch liegt die Hütte, auf der du gewesen bist?«, fragte sie ganz aufgeregt, und ihre Wangen röteten sich.

»Vierzehn- oder fünfzehnhundert Meter, glaube ich.« Ich konnte Gerda nicht mehr anschauen, denn es war mir auf einmal, als ob der Tod bereits die Hand nach ihr ausgestreckt hätte.

Sie wollte sich erheben, um ein frisches Taschentuch zu holen, da das alte voller Blut war. Doch sie taumelte und musste sich wieder setzen.

»Warte, Gerda, ich hole dir ein frisches. Gib mir das gebrauchte. Ich werfe es zu der schmutzigen Wäsche.« Ich sprang auf, lief in die Schlafkammer, in der die Mutter und die Großmutter in Schränken und Truhen stöberten, um noch etwas Brauchbares zum Tauschen zu finden.

»Mein Gott«, flüsterte ich der Großmutter zu. »Ihr habt mir ja gar nicht gesagt, wie krank die Gerda wirklich ist.«

Ich zeigte ihr das mit Blut durchtränkte Taschentuch.

»Das habe ich doch auch nicht gewusst, dass es so um sie steht«, raunte die Großmutter mir zu und blickte dabei auf das Taschentuch. »Wirf es ja nicht zu der anderen Wäsche«, warnte sie mich, »sonst stecken wir uns noch alle an. Wir müssen es verbrennen.«

»Mein Gott, Urselchen«, rief die Mutter nun besorgt aus. »Dass dich die Gerda nur ja nicht ansteckt. Ihr solltet nicht in einem Bett schlafen!«

»Soll sie etwa auf dem Sofa in der Küche schlafen? Das geht ja wohl nicht! Außerdem stecke ich mich bestimmt nicht an, so gut erholt wie ich bin.« Ich nahm das Taschentuch, das die Großmutter mir gab, und ging zur Gerda zurück.

Im Hinausgehen hörte ich die Oma rufen: »Mein Gott, Elsa, wir haben doch noch das Kaffeegeschirr aus echtem Meißener Porzellan! Ich habe es vor den Russen auf dem Dachboden versteckt.« Sie schlug sich mit der flachen Hand auf die Stirn. »Dass ich das vergessen konnte.«

Meine Mutter zeigte wenig Begeisterung über diesen Einfall. »Du willst wirklich das wertvolle Service für ein paar Eier, Butter und Speck weggeben?«

»Porzellan, und sei es noch so fein, kann man nicht essen«, erklärte Großmutter resolut, und damit war die Sache erledigt.

Ich musste heimlich lächeln, denn die Großmutter hatte ihren alten Elan wiedergefunden und wirkte beinahe so voller Tatendrang wie in alten Zeiten.

In den nächsten Tagen ging es Gerda merklich besser. Ich glaubte schon, dass es die Aussicht auf den Urlaub in Oberammergau war, denn Hoffnung kann manchmal Wunder bewirken. Meine praktische Großmutter schob es dagegen auf die gute Butter und die anderen nahrhaften Dinge, die sie für das Meißener Kaffeeservice erhalten hatte. Wie auch immer, Gerda legte sich nun jeden Nachmittag in die Sonne, um so braun zu werden wie ich. Niemand sagte uns, dass dies für Lungenkranke nicht gut war. Außerdem beschloss Gerda, vorerst nicht nach Dresden zurückzukehren, sondern bei uns zu bleiben, bis es ihr besser ging.

Während sie im Liegestuhl im Garten lag, betrachtete sie sehnsuchtsvoll einen kleinen Bildband, den mir der Ernst geschenkt hatte und in dem bayerische und österreichische Gebirgslandschaften abgebildet waren. »Da möchte ich auch einmal hin, nach Berchtesgaden«, sagte sie. »Und hierhin, an diesen schönen See.«

»Das ist der Königssee. Da können wir einmal hinfahren«, bemerkte ich lächelnd, denn allmählich glaubte ich durchaus an ihre Genesung.

Gerda blickte verträumt zum blauen Himmel hinauf. »Ach, es ist so schön, jung zu sein, Ursel. Das Leben ist so schön und geht jetzt erst richtig los. Wir haben endlich Frieden, und mir geht es so gut. Ich habe das Gefühl, ich könnte Bäume ausreißen.«

»Du musst nicht gleich Bäume ausreißen«, antwortete ich lachend.

»Nein, aber in die Berge will ich bald. Ich kann es kaum erwarten.« Sie schaute mich nachdenklich an. »Ich kann mir einfach nicht vorstellen, dass es im Himmel genauso schön ist wie auf der Erde. Oder glaubst du, dass es dort oben schneebedeckte Berge, blaue Seen und grüne Almen gibt, so wie ich sie in dem Buch gesehen habe?«

Sie blickte sich jetzt im Garten um und begann aufs Neue, aufgeregt zu sprechen: »Sieh nur, die Buschwindröschen!«, rief sie aus, als ob sie diese Blumen zum ersten Mal in ihrem Leben entdeckt hätte. »Schau nur, wie zart und weiß sie sind. Und die Himmelsschlüssel! Sie müssten doch eigentlich die Schlüssel zum Himmel sein, sonst würden sie nicht so heißen, oder?«

»Sei still, Gerda«, rief ich aus, weil mir plötzlich ihre Worte unheimlich waren. »Was redest du da vom Himmel? Du wirst leben, und zwar hier auf dieser Erde. In ein paar Monaten fahren wir zusammen nach Bayern, wandern auf die Hütte, und du wirst den Ernst und seine Freunde kennenlernen. Und du wirst dort gesund werden, ganz gesund, hast du mich verstanden«, redete ich beschwörend auf sie ein.

»Ja, ja, das war nur so dahingesagt«, lenkte sie ein.

»Weißt du«, wechselte ich das Thema, »wenn du auf einem Gipfel stehst, dann fühlst du dich frei. Im Gefängnis habe ich gelernt, welch kostbares Gut Freiheit ist – du merkst es erst, wenn du es nicht hast. Deshalb will ich auch in Zukunft im Westen leben, denn hier fühle ich mich nicht mehr frei.«

Gerda schaute mich verwundert an, hörte aber mit deutlichem Interesse zu.

»Weißt du«, fuhr ich fort, »hier reden sie zwar viel über Demokratie und Freiheit, aber gleichzeitig versuchen sie, alles in ihrem Sinn zu reglementieren – sogar wie du denken und reden sollst. Eigentlich ist das nicht viel anders als bei den Nazis.«

Gerda schien sich für meine Ausführungen zu begeistern, denn sie erklärte gleich, dass sie am liebsten mit mir in den Westen ginge, aber das könne sie ihrer Mutter nicht antun.

Tante Gertrud hatte neuerdings eine Anstellung in der Postverwaltung bekommen. »Deshalb sympathisiert sie mit den Kommunisten, das muss man verstehen«, fügte Gerda hinzu, als ein schrecklicher Hustenanfall sie packte. Hellrotes, schaumiges Blut floss aus ihrem Mund – das war kein Auswurf mehr wie sonst, sondern der Hinweis auf eine dramatische Verschlechterung. Ich rief erst nach der Großmutter, dann rannte ich zum Arzt.

Als ich mit dem Doktor nach einer halben Stunde zurückkam, war Gerda nicht mehr bei Bewusstsein. Der Arzt zuckte die Schultern und meinte, wir sollten sie in eine große Klinik nach Dresden bringen. Wenn ihr überhaupt noch zu helfen sei, dann dort.

Schweren Herzens fuhren wir Gerda mit einem Leiterwagen zum Bahnhof und hoben sie in den Zug. Großmutter begleitete sie.

»Während der Zugfahrt kam sie gelegentlich zu sich«, berichtete sie später. »Dann fantasierte sie etwas von einer Hütte in den Bergen. Hast du ihr etwa versprochen …?«

»Ja«, brach es schluchzend aus mir hervor. »Ich habe ihr versprochen, sie mit auf die Hütte zu nehmen, wenn sie wieder gesund ist.«

Im Krankenhaus legten die Ärzte Gerda eine Gasbrust an, berichtete die Großmutter weiter, um die blutenden Lungenteile zusammenzupressen, doch es war ein fruchtloses Unterfangen.

Gerda starb wenige Stunden danach an einem weiteren Blutsturz.

Der Tod meiner kranken Freundin deprimierte mich unendlich, und jetzt wollte ich endgültig weg. Ich musste nur noch meine Gesellenprüfung abwarten, die in wenigen Wochen stattfinden sollte.

Etwa einen Monat nach Gerdas Tod unternahm ich mit meiner Mutter und Großmutter einen letzten Sonntagsspaziergang in der Umgebung unseres Dorfes.

Es war ein schöner, milder Frühsommertag.

Zuerst wanderten wir zu einem geheimnisumwitterten Felsen, der einst von einem sumpfigen Gelände umgeben war, in dem, wie es heißt, vor langen Zeiten ein Kaufmann, der vom Markt kam, samt seinem Fuhrwerk versunken sein soll. Plötzlich war mir wehmütig und traurig zumute, und ich fragte mich, wann ich diese Landschaft meiner Kindheit wohl wieder sehen würde.

»Lass uns noch bis zur Heinrichshöhe gehen«, schlug Großmutter vor.

»Wir sollten lieber nicht zu weit gehen«, meinte meine übervorsichtige Mutter besorgt. »Es wird früh dunkel. Noch ist kein Sommer.«

»Es ist Anfang Juni«, erwiderte die Großmutter mit gutmütigem Spott. »Du weißt schon gar nicht mehr, wann es dunkel wird, weil du immer nur hinter deiner Nähmaschine sitzt. Stell dich nicht an. Wir werden schon nicht im Moor versinken. Das wäre ja wirklich zu schlimm, denn dann würde die Ursel nicht zu ihrem Ernst in den Westen kommen.«

Meine Mutter fand das gar nicht lustig. Sie dachte und redete seit Tagen von nichts anderem als meinem bevorstehenden Abschied, und prompt begann sie zu schluchzen.

Ich nahm sie in den Arm. »Du verlierst mich doch nicht. Ich komme immer wieder hierher, denn schließlich bin ich nicht aus der Welt.«

»Nein, Gott sei Dank nicht«, seufzte sie. »Aber du ziehst immerhin weit fort, und man weiß nicht, wie es bei uns politisch weitergeht.«

Leider musste ich ihr recht geben. Ich hatte sogar ein ziemlich schlechtes Gefühl, wenn ich an all das Gerede von einer möglichen Teilung und dem Eisernen Vorhang dachte.

»Vielleicht solltet ihr nachkommen. Was hält euch hier?«, fragte ich die beiden nach einer Weile.

»Einen alten Baum verpflanzt man nicht«, sagte die Großmutter. »Du weißt, selbst die Angst vor den Russen hat mich nicht aus meiner Wohnung weggebracht. Und dann sind da noch der Kurt, die Elli und die beiden anderen Enkelkinder – nein, ich kann nicht weggehen.«

»Ich auch nicht«, meinte die Mutter. »Du bist noch jung und hast das Leben vor dir, und für dich ist dieser Schritt viel leichter als für mich.« Sie dachte nach: »Vielleicht in ein paar Jahren, Ursel, vielleicht komme ich dann zu dir.«

»Eigentlich könnten wir doch alle in den Westen gehen, auch der Onkel Kurt«, rief ich spontan aus.

Obwohl ich politisch weder besonders interessiert noch informiert war, spürte ich, dass in diesem Teil des Landes eine verhängnisvolle Entwicklung einsetzte. Hier hatte die Befreiung vom Nationalsozialismus keine Freiheit gebracht. Leute mit ideologischen Scheuklappen begannen den Alltag zu bestimmen, und eine Schar von Opportunisten folgte ihnen blind – Hauptsache, sie profitierten davon und machten Karriere im Zeichen des real existierenden Sozialismus. Es war traurig anzusehen, wie viele das auch in unserem Dorf waren, darunter selbst solche, die noch vor ein paar Jahren begeistert Hitler zugejubelt hatten. Einfache Mitläufer der NSDAP hatten nämlich im Osten nichts zu befürchten, wenn sie sich bereit erklärten, »am Aufbau einer neuen Gesellschaft« tatkräftig mitzuwirken.

Das war nicht mehr meine Welt. Ich liebte die Freiheit und hatte das Gefühl, dass ich diese hier nicht finden konnte, denn systematisch wurde das ganze Leben kontrolliert und gleichgeschaltet. Auch wenn in diesem Frühling die Blumen auf den Feldern blühten wie eh und je, so versank doch die alte Welt mit ihren traditionellen dörflichen Strukturen, und eine neue tauchte auf, das beschworene Arbeiter- und Bauernparadies, das so paradiesisch gar nicht werden sollte.

Wir waren nun auf der Heinrichshöhe angekommen und setzten uns auf eine Bank, um ein wenig auszuruhen. Unter uns versank die Landschaft langsam im Graublau der Abenddämmerung, doch über dem Zittauer Gebirge, dessen Silhouette am Horizont zu sehen war, lag für einige Minuten noch ein rosa Schein.

Als wir ins Dorf zurückkamen, war es bereits ziemlich dunkel. Wir gingen an dem Lindenbaum vorbei, unter dem ich am 9. Mai 1945, jenem für mich schicksalhaften Tag, die jungen Soldaten hatte sitzen sehen. An diesem Abend bewegte kein Windhauch die Blätter des Baumes – noch nie war mir das Dorf so still erschienen, so ausgestorben.

Ich sah zum Himmel hinauf, an dem die ersten Sterne flimmerten. Schon morgen, so wusste ich, würden andere Sterne über mir stehen, um mir einen neuen Weg zu weisen.